美丽乡村建设旅游规划：
实践与案例

李俊　庄军 ◎ 编著

Meili Xiangcun Jianshe Lü you Guihua:Shijian Yu Anli

华中科技大学出版社
http://press.hust.edu.cn
中国·武汉

内容简介

本书以乡村振兴为背景,由乡村旅游入手,从景区规划和村庄规划两个层面,各选取八个案例,从项目背景、规划内容及建设成效三个方面进行详细介绍,为制定乡村旅游规划、打造美丽乡村提供范例。在创新点方面,本书通过对美丽乡村建设过程中的乡村景区和村镇的规划案例进行介绍和分析,为乡村景区规划、村镇规划提供了生动翔实、切实可行的优质案例参考。本书的读者群为广大旅游爱好者,以及正在进行乡村旅游开发的村集体、相关市场主体等。

图书在版编目(CIP)数据

美丽乡村建设旅游规划:实践与案例/李俊,庄军编著.—武汉:华中科技大学出版社,2024.1
ISBN 978-7-5772-0283-9

Ⅰ.①美… Ⅱ.①李… ②庄… Ⅲ.①乡村旅游—旅游规划—研究—中国 Ⅳ.①F592.3

中国国家版本馆CIP数据核字(2023)第245699号

美丽乡村建设旅游规划:实践与案例 　　　　　　　　　　　　　　　　李俊　庄军　编著
Meili Xiangcun Jianshe Lüyou Guihua：Shijian yu Anli

策划编辑：李　欢　李家乐
责任编辑：刘　烨
封面设计：原色设计
责任监印：周治超
出版发行：华中科技大学出版社(中国•武汉)　　　电话：(027)81321913
　　　　　武汉市东湖新技术开发区华工科技园　　　邮编：430223
录　　排：孙雅丽
印　　刷：武汉科源印刷设计有限公司
开　　本：787mm×1092mm　1/16
印　　张：12.5
字　　数：293千字
版　　次：2024年1月第1版第1次印刷
定　　价：59.80元

本书若有印装质量问题,请向出版社营销中心调换
全国免费服务热线：400-6679-118　　竭诚为您服务
版权所有　侵权必究

前言

　　美丽乡村建设是一个复杂且庞大的工程,涉及多个方面,不仅要有外在表现,还具有丰富的内涵,包括文化建设、人才建设、环境建设、产业建设、生态建设等方面的内容。美丽乡村的建设实质上是我国社会主义新农村建设的一个升级阶段,它的核心在于解决乡村发展理念、乡村经济发展、乡村空间布局、乡村人居环境、乡村生态环境、乡村文化传承及实施路径等问题。

　　旅游业是一种投资少、收益快、产业关联度高、带动性极强的产业,旅游业的发展能推动一二三产业的融合发展,并有效带动经济、社会、文化和生态的全面发展。乡村旅游作为旅游业的一部分,具有以城市居民为主要消费者、以乡村的乡村性为主要旅游吸引物的特点,有利于促进城乡经济、文化沟通,缩小城乡差距。党的十八大以来,习近平总书记高度重视乡村旅游工作,强调全面推进乡村振兴,要立足特色资源,坚持科技兴农,因地制宜发展乡村旅游、休闲农业等新产业新业态。

　　2019年,根据《中共湖北省委、湖北省人民政府关于全面学习浙江"千万工程"经验 扎实推进美丽乡村建设的决定》(鄂发〔2019〕5号),湖北省成立湖北省美丽乡村建设协调小组并编制《湖北省美丽乡村建设五年推进规划(2019—2023年)》,规划对湖北省美丽乡村建设提出了包括科学编制村庄规划、推进农村生活污水治理、推进村庄绿化、推进村容村貌整治、改善居住条件、推进信息进村、提升农村社会文明等十六个重要任务,着力打造"产业兴旺、生态宜居、乡风文明、治理有效、生活富裕"的美丽乡村。在以上提到的众多任务中,科学编制规划是实现一切目标的前提,为建设美丽乡村、实现乡村振兴奠定了基础。因此,本书由乡村旅游入手,从景区规划和村庄规划两个层面各选取八个案例进行详细介绍,为制定乡村旅游规划、构建美丽乡村提供范例。

　　本书由李俊、庄军合著,书中案例均为武汉神州旅创旅游规划有限公司在乡村旅游规划工作中的真实案例,其规划与开发工作目前已在规划地初见成效。李俊

作为武汉神州旅创旅游规划有限公司的特聘顾问,对书中所有案例均进行了创作指导和编写。庄军作为武汉神州旅创旅游规划有限公司法人总经理,参与了本书中的绝大部分案例的创意及编写。本书对这些案例进行介绍和分析,力求为美丽乡村旅游规划提供生动翔实、切实可行的优质案例参考。另外,还要特别感谢申明智、韩沂轩、廖晶妮、胡希等行业专家对本书编写工作的大力支持和帮助。

目录

理论篇

美丽乡村旅游建设规划理论 　　　3

实践篇

上篇　美丽乡村建设之景区规划 　　　17

案例1　木兰栖塘景区
　　　——木兰栖塘,微度天堂 　　　18

案例2　梁湖花海旅游区
　　　——花海世界·余音绕梁 　　　29

案例3　卸甲坪旅游区
　　　——卸甲山水·韵味土家 　　　43

案例4　爱漫文旅小镇
　　　——分享爱,聚浪漫 　　　53

案例5　潼泉湖休闲旅游区
　　　——仙居山水地,养生潼泉湖 　　　62

案例6　大别山红色江山生态文化旅游区
　　　——红色江山,好汉家乡 　　　73

案例7　丹渠田园旅游区
　　　——丹渠田园·未来家园 　　　83

案例8　蜜泉湖旅游度假区
　　　——森养红杉林·康养蜜泉湖 　　　93

下篇　美丽乡村建设之村镇规划　　103

案例1　宜昌鸣凤镇北门村
——水乡花田·森林氧吧　　104

案例2　荆州八岭山镇太平村
——荆楚太平地·又见故乡情　　112

案例3　洪湖乌林镇青瓦坊民俗旅游村
——原味青瓦坊·浪漫李桥村　　124

案例4　鄂州东沟镇余湾村
——花开余湾，艺术梁子　　137

案例5　鄂州梧桐湖新区六十村余家墩自然村
——未来乡村·乐活娱港　　145

案例6　鄂州梧桐湖新区磨刀矶村
——梁湖鲜镜·原味鱼港　　151

案例7　京山罗店镇马岭村
——数字马岭·时尚原乡　　166

案例8　黄冈但店镇庙河村
——庙河岸边，船石人家　　178

参考文献　　191

理论篇

美丽乡村旅游建设规划理论

一、美丽乡村旅游建设规划的基本内涵

（一）美丽乡村旅游建设规划的概念

"美丽乡村"的概念最早在中国共产党第十六届五中全会中提出，而后逐渐在广大农村地区生根发芽，在全国各地开花结果。十八大以来，党和国家更加重视农村地区发展，提出了建设美丽中国的宏伟目标，而美丽乡村又是重中之重。美丽乡村建设概念和目标的提出，充分体现了对农村自然生态环境、人文环境的保护，既尊重了农村自然发展环境和山水格局，也从人文角度出发进一步增强了农民的乡愁感。山水与人文的有效融合是乡村旅游发展的基础和条件，通过改造依山傍水的生态环境，进一步彰显乡村地区旅游的地域特色。将自然生态系统与农村休闲旅游紧密结合，不仅能够为广大游客提供良好的休闲场所，同时还能够给旅游者营造出"十里不同景，人在画中游"的视觉冲击。

美丽乡村是实现中国梦的重要载体，美丽乡村建设既包括人与自然的和谐相处，也包括通过多种途径为广大农民增产增收，而在农村地区开展乡村旅游既能够实现农村的生态保护，同时也能够推进农村的可持续发展，带动农民致富，进一步提升农民的精神文化水平。从这个层面上来看，美丽乡村建设与乡村旅游发展在本质上具有一致性，而要想推动乡村旅游发展，首先就要做好规划。

根据《旅游规划通则》（GB/T 18971—2003），旅游规划一般可划分为旅游发展规划和旅游区规划。其中，旅游发展规划是指根据旅游业的历史、现状和市场要素的变化所制定的目标体系，以及为实现目标体系在特定的发展条件下对旅游发展的要素所做的安排。旅游区规划是指为了保护、开发、利用和经营管理旅游区，使其发挥多种功能和作用而进行的各项旅游要素的统筹部署和具体安排。

本书中所做的美丽乡村旅游建设规划分为景区篇和村镇篇两部分，

前者属于旅游区规划,后者属于旅游发展规划。规划的目的是响应国家美丽乡村建设的号召,依据当地自然风光、历史文脉、乡村肌理等要素,以经济发展、文化传承、生态保护等为目标,对乡村及乡村旅游目的地进行旅游化改造规划,将当地建成"产业兴旺、生态宜居、乡风文明、治理有效、生活富裕"的美丽乡村。

（二）美丽乡村旅游建设规划的特点

要做好美丽乡村旅游建设规划,首先要把握其特点。

1. 综合性

美丽乡村旅游建设规划是涉及多目标、多行业、多利益主体的综合性规划。在规划设计的过程中,由于美丽乡村旅游建设是一个多导向的目标,这就决定了在建设过程中需要涉及多行业、多部门以协调、促进各个目标的实现。因此,美丽乡村旅游建设规划是一个综合性的过程,必须在打造适宜游客的旅游空间的同时,规划好当地居民的生产、生活、生态空间,协调好乡村旅游中各个相关者的利益,利用好政府、集体、农户等多方力量为规划的实现提供保障。在规划过程中,美丽乡村旅游建设规划涵盖多项内容,与景观规划设计、城市规划、区域规划、交通规划等其他规划设计有着紧密的联系。

2. 乡村性

"乡村性"一词源于英文的Rurality,指的是乡村之所以为乡村的特性。是乡村性产生于乡村的生产、生活、生态等生存实践之中,并能由此衍生出乡村的社会空间所特有的"思维方式、社会制度和行为准则"。乡村地区所独有的乡村性是乡村旅游区别于其他各类型旅游的特色,也因此被认为是乡村旅游的吸引力所在和营销的核心卖点。目前,我国乡村旅游规划中存在着盲目模仿、过度城镇化等问题,就是因为对乡村性的关注不够。在美丽乡村旅游建设规划的过程中,一方面需要挖掘当地的地域特色,以彰显其乡村性;另一方面需要在村容整治和提升基础设施建设的同时保持乡村的整体风貌。

3. 应用性

美丽乡村旅游建设规划旨在解决景区或村镇旅游目的地应如何发展旅游的问题,必须要有很强的可操作性和较高的使用价值,切忌纸上谈兵。因此在初期做总体规划时,必须充分调研、评估当地实际情况,了解当地可用的物质资源、土地资源、资金情况,以及当时的政策环境、市场导向等,落实好控制性详细规划和建筑性详细规划,确保项目可以落地。

4. 系统性

美丽乡村旅游建设规划是一种多系统的规划,它应包括以下几个系统:它以景观、生态系统为基础,以市场体系为导向,以基础设施和公共服务系统为支撑,以建设产品体系为主要内容,以创意独特的体验为灵魂,以挖掘和彰显地域独特的文化体系为魅力,以商业服务体系为动力,以构建政策支撑体系为依托。旅游规划设计既需要有硬的内核,又需要有软的外延。对市场的把握和引领是旅游规划设计的前提,对商业模式和服务体系设计构成它的主体,但从设计角度来看,景观、建筑等这些学科才是它的硬核。

5. 创意性

尽管美丽乡村旅游建设规划要服务于村镇建设,但其实质仍是一份旅游规划。它不是为日常生活的使用而进行的规划设计,而是为了另一种生活的体验和心理愉悦而展开的规划设计,其核心目标在于创造情景、设计体验。所以,其本质上是创意规划。旅游的本质决定其一定要寻求差异、寻求吸引,旅游旨在体验另一种文化和另一种生活的独特魅力,没有差异、没有吸引,就不会产生异地的空间流动,这是旅游的本质所决定的。

（三）美丽乡村旅游建设规划的原则

1. 与社会和经济发展水平相适应及坚持适度超前的原则

美丽乡村旅游建设规划是当地发展规划的一部分,它的发展必须服从或适应社会发展的总体要求,必须与社会和经济提供的实际条件相适应。规划是一个相对长远的、具有战略性的方案,社会的不断发展要求规划人员不能太保守,而要有一定的预见性和超前眼光,使规划方案能够体现发展的原则,具有一定的前瞻性。

2. 整体性的原则

美丽乡村旅游建设规划是国民经济与社会发展的总体规划的一个部分,局部的规划应服从整体规划,并与城乡规划、土地利用规划相协调。同时,美丽乡村旅游建设规划应列入国民经济与社会发展的总体规划,在总体规划中给予统筹安排,并在政策、资金上给予重点支持和扶植。

3. 突出经济效益,注重社会效益,强化环境效益的原则

美丽乡村旅游建设规划要坚持以旅游市场为导向,以旅游资源为基础,以旅游产品为主体,实现经济效益、社会效益和环境效益可持续发展。

美丽乡村旅游建设规划必须坚持以市场为导向的原则,在市场经济条件下的旅游开发是为了发展地方经济;旅游开发,也要着眼于社会效益,特别是要"以当地居民为中心",兼顾当地居民和职工的需求和利益;为使当地能长远获益,为子孙后代生存环境着想,美丽乡村旅游建设规划要因地制宜地处理人与自然的和谐关系。

突出经济效益,注重社会效益,强化环境效益的原则主要包括以下内容:

（1）减少对自然环境的人为消极作用,控制和降低人为负荷,分析游览时间、空间范围、游人容量、项目内容、开发强度等因素,并提出限制性规定或控制性指标。

（2）保持和维护原有生物种群、结构及其功能特征,保护典型而有示范性的自然综合体。

（3）提高自然环境的复苏能力,提高氧、水、生物的再生能力与速度,提高生态系统或自然环境对人为负荷的稳定性或承载力。

4. 特色性原则

突出地方特色,避免对近距离旅游资源不合理的、重复性的建设。

对旅游景区而言,特色原则指利用"人无我有、人有我优、人优我奇、人奇我变"的资源优势,开发出独具个性的旅游产品。

它包含三个方面:一是民族特色,二是地方特色,三是历史特色。

二、美丽乡村旅游建设规划的相关理论基础

由于美丽乡村旅游建设规划具有很强的综合性,其相关学科理论也具有很强的复合性和交叉性,涉及旅游学、市场学、地理学、建筑学、城市规划学、景观学、经济学、管理学、文化学、生态学等多门学科。

以下介绍几种较具代表性的理论内容。

(一) 可持续发展理论

可持续发展就是经济、社会、资源与环境协调发展,既满足当代人对环境发展的需求、符合经济社会发展的目标,又不威胁后代的需求,实现永续发展。这个概念是1987年联合国世界环境与发展委员会在《我们共同的未来》报告中首次提出的。

可持续发展这一概念提出了三大原则:一是要坚持公平性原则,维持当代人之间、当代人与后代人之间有限资源分配的公平性;二是要坚持持续性原则,人类社会经济发展与资源开发要以环境承载力为前提;三是要坚持共同性原则,可持续发展不是一个人、一个国家的任务,而应是全球发展的总目标,需要全球的联合行动。

因此,在进行美丽乡村旅游建设规划时,规划者要利用好旅游这一绿色产业,既要实现美丽乡村的可持续发展,又要发挥乡村产业的支撑作用,活跃内部力量,确保美丽乡村的持续快速发展。

(二) 旅游系统理论

系统是由相互联系、相互作用的许多要素结合而成的具有特定功能的统一体。系统思想要求对系统做全面的分析,从整体把握系统,整体观点是系统思想的精髓。旅游系统是系统理论在旅游领域的运用,旅游活动本身就是一个由不同子系统构成的巨系统,旅游系统的构建强调综合、整体、系统地考虑旅游发展过程中经济、社会、资源、环境等多方面的相互关系和协调发展。

在实践中,规划人员应该具有系统观念,将乡村旅游目的地(景区或村镇)看作一个完整的系统,结合旅游系统的特性,分析对象的属性及其与外界环境的关系,完善其内部构成要素,理顺各要素之间的关系,使其健康、有序、协调地发展。

(三) 文化变迁理论

"文化变迁"是人类学上经常使用的内涵广泛的名词,其基本含义即文化是发展的动态过程,任何文化从其诞生之日起就开始了变化的历程。在早期研究中,学者们对于旅游活动引发的社区文化变迁多持质疑批评态度,认为把文化作为旅游的一部分进行包装并作为商品出售,实际上是剥夺了文化的内涵,因而导致了文化的改变,但随着研究和实践的深入,学者们发现旅游开发提供了发扬传统文化的机遇,对传统文化的传播有促进作用,增强了当地居民的文化认同感。

因此,在进行美丽乡村旅游建设规划的过程中,需要将当地居民恰当地纳入旅游系统中,在旅游开发的过程中加强当地居民对自身文化的了解了解认同和,实现美丽乡村建设的目标。

(四) 旅游地生命周期理论

1966年,美国哈佛大学教授雷蒙德·弗农(Raymond Vernon)首次提出产品生命周期理论(PLC),这一理论将产品在市场上的变化分为四个周期,即导入期、成长期、成熟期、衰退期。

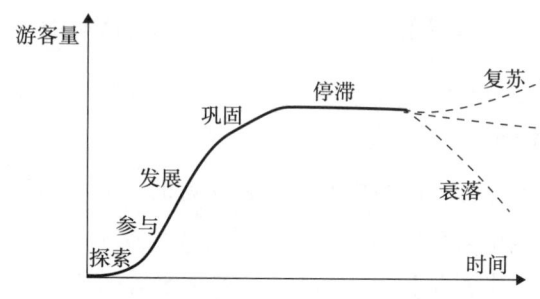

产品生命周期模型

1980年,加拿大地理学家巴特勒(R.W.Butler)运用产品生命周期理论模型,系统地描述了旅游地的发展变化过程,并提出了S形旅游地生命周期演化模型,进而形成了旅游地(产品)生命周期理论。巴特勒将旅游地的演变划分为六个阶段:探索阶段、参与阶段、发展阶段、巩固阶段、停滞阶段、衰落阶段或复苏阶段。这也是目前被广泛认同的旅游地(产品)生命周期理论模型。

旅游地(产品)生命周期理论模型

对旅游地(产品)生命周期理论进行深入了解,有助于规划者在进行美丽乡村旅游建设规划时对市场的发展与变化做出正确的判断,并能合理设定、调整分期建设和发展的目标。

(五)景观生态学理论

景观生态学是研究景观单元的各构成类型、空间格局及其与生态学过程相互交叉影响的一门综合性学科。空间格局、生态学过程与尺度之间的相互作用是景观生态学研究的核心内容。景观生态是景观系统研究的核心,同样也是较高质量景观存在的基本保证,是景观规划设计中遵循的原则之一。

景观生态学将景观空间结构抽象成三种基本单元,即斑块(Patch)、廊道(Corridor)、基质(Matrix,又称基底),所以景观空间结构又称斑廊基结构。斑块是内部具有相对均质性、外部具有相对异质性的景观要素。不同功能的旅游斑块能满足游客休闲、饮食、住宿、观赏、求知等要求;不同质量和面积的斑块也会影响物种的灭绝速率和迁移速率,并进一步影响旅游地景观中的生物多样性。廊道是指与两侧景观要素显著不同的线状或带状的景观要素,廊道建设可以增加斑块的连通性,方便游客游览,也会成为斑块间物种迁移的屏障,所以,廊道的科学设置是体现乡村旅游区自然绿化意境、增加视觉丰度、方便游客游览、保护生物多样性的关键。基质是指斑块镶嵌内的背景生态系统或土地利用类型,一般指旅游地理环境类型及人文社会特征。对基质进行研究有利于认清旅游区的环境背景和分析确定旅游区的整体生态特征,也是乡村旅游形象设计及功能斑块划分的基础。

规划者在进行美丽乡村旅游建设规划的过程中,对乡村旅游自然资源的评价和乡村旅游景观的构建都可以基于景观生态学理论。

(六) 区位理论

区位理论是关于人类活动的空间分布及其空间中的相互关系的学说。具体地讲,是研究人类经济行为的空间区位选择及空间内经济活动优化组合的理论。区位不同的地域在资源禀赋、要素结构、开发历史等方面差异较大。区位理论对旅游发展和建设也有着很重要的指导作用,区位条件对人们在旅游地的选择起着重要的作用,对旅游地的开发也有借鉴作用。

在进行美丽乡村旅游建设规划的时候,可以根据资源条件、客源市场、交通可达性和经济条件等区位因子对乡村旅游目的地进行开发条件评估,这有助于更好地分析当地区位条件,正确定位旅游市场。

(七) 旅游动机理论

旅游动机理论是旅游行为学有关旅游行为驱动力的研究,包括对该动力系统的构成、层次和特征的研究。探讨旅游者的旅游动机是了解旅游者的旅游决策的关键路径,同时能为旅游管理者的服务决策提供科学信息。因此,了解旅游者的旅游动机有利于规划者做出具有吸引力的、符合市场需求的美丽乡村旅游建设规划,也为旅游市场营销规划发展方向提供了参考。

旅游动机理论中较为常见的模型有需求层次模型、社会心理模型、"推—拉"模型。

1. 需求层次模型

需求层次模型源自马斯洛的需求层次理论,这一模型在旅游领域较具代表性的研究为Pearce、Caltabiano提出的旅游动机层次模型(TCL),该模型将旅游动机从低到高分为生理、安全、关系、自我尊重、自我实现五个维度,之后Pearce等人又对其进行了修订,按旅游动机从低到高将其分为放松动机、兴奋动机、追求新奇动机、社交动机、自我发展动机五个维度。

规划者可以根据目标市场的需求层次来设计旅游产品的类型、结构与层次。

2. 社会心理模型

社会心理模型源自旅游动机的逃避寻求理论,模型中旅游动机主要分为两个维度:"逃避"与"寻求"。"逃避"指对日常生活环境的逃避心理;"寻求"指对异于常居地环境的追求心理,游客希望从旅游中获得异于日常生活的新奇体验,感受新鲜文化,改善精神状态。

这要求规划者在美丽乡村旅游建设规划中发挥乡村地区的乡村性特色,提供具有特色的服务,使得乡村旅游地不仅成为当地居民的宜居家园,更成为城市游客的美好世外桃源。

3."推—拉"模型

"推—拉"模型在心理学驱力诱因理论上,将旅游动机分为"推"与"拉"两个维度。"推"方面的动机属于内在动因,如逃离、放松、声誉、健康、冒险、社交等;"拉"方面的动机属于外在诱因,指旅游目的地的吸引力、旅游资源特色等。两者共同构成了旅游动机。这一模型相较社会心理模型,把更多因素引入了旅游动机的动力过程,它是被运用得最为广泛的模型。基于"推—拉"模型,衍生出了Gnoth的动机和期望形成过程模型、Goossens的享乐旅游动机模型等多个旅游动机模型。

根据"推—拉"模型,规划者可以更具体地分析某些因素对相应客群的吸引力,从而确定旅游目的地的市场定位和功能定位。

(八)空间重构理论

空间重构理论最早被应用于乡村领域,并逐渐延伸至城乡规划、文化等领域。空间重构理论将空间分为物质空间和非物质空间两种,并认为物质空间是实体的地理空间,从功能属性上又可以划分为生产空间、生活空间和生态空间;而非物质空间是建立在物质空间基础之上的次生空间,包括反映人类各种社会行为空间关系的社会空间,以及建立在人类话语体系、秩序观念之上的文化空间。它们相互渗透、交叉融合,共同构成多层级、多维度的空间系统。空间重构理论对于旅游空间重构有着重要的推动意义,它能在一定程度上提升旅游地的存续能力、经济的多样性和活力。

基于空间重构和文化变迁理论,有学者将乡村民宿空间分为外部空间、实体空间和文化空间,并提出空间优化建议。规划者可以参考相关研究在规划中完善当地空间结构,实现美丽乡村的构建。

三、美丽乡村旅游规划的工作内容

(一)美丽乡村旅游建设规划的工作领域

旅游规划设计是多门类的学科领域,它包括策划、规划、设计三大门类,每个门类解决的问题有所不同。其中,策划是根据市场需要,寻找灵魂,把握方向,创意主题;规划是根据发展目标和基础条件,谋划布局,统筹发展,配置资源;设计是创意和实现,是将策划和规划转化为物质化的东西,是理念和策略的有形化过程。因此,既不能将旅游规划设计理解为"卖点子""卖创意",也不能将旅游规划设计简化为一些景观、项目的创意设计,而应该打通策划、规划和设计三个层面,使其形成一体化的理论体系。

（二）美丽乡村旅游建设规划的工作流程

1. 美丽乡村旅游景区建设规划技术路线

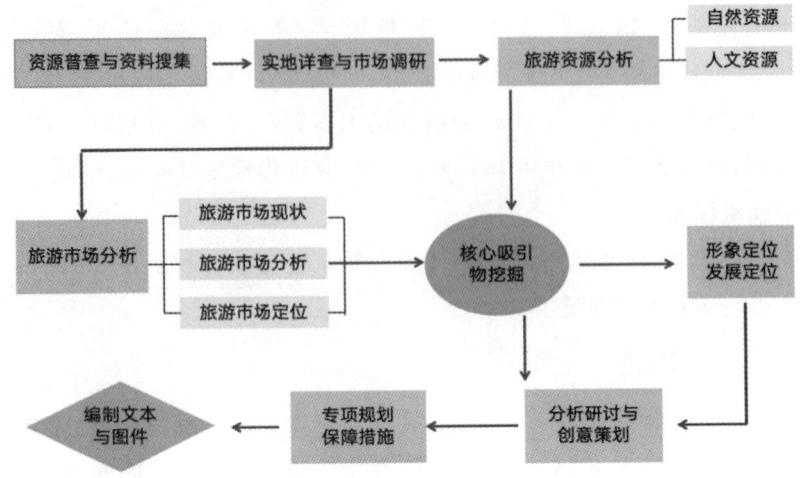

美丽乡村旅游景区建设规划技术路线

2. 美丽乡村旅游村镇建设规划技术路线

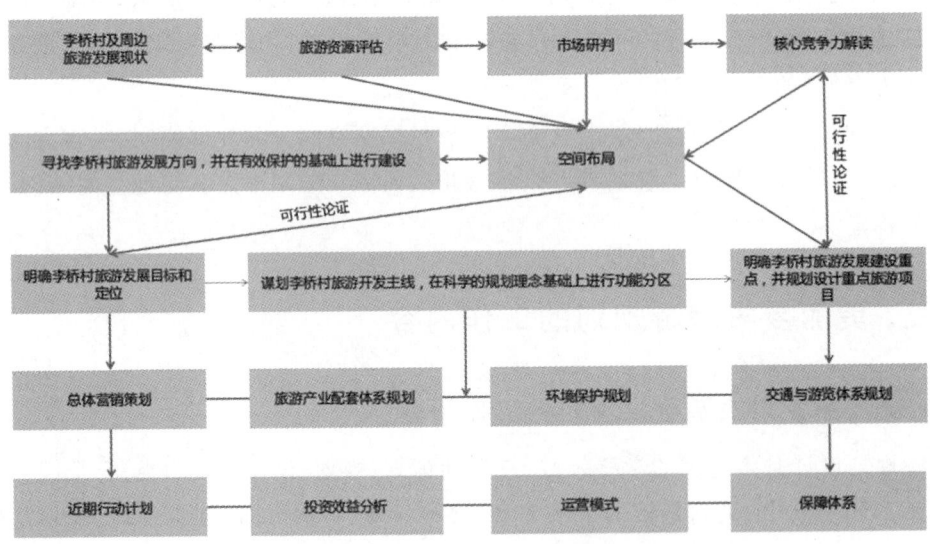

李桥村旅游建设规划技术路线图

（三）美丽乡村景区旅游建设规划编制的内容

1. 规划总则

规划总则的内容主要包括规划范围、规划性质、规划理念、规划期限、规划原则、规划目标等内容，规划总则可以展示规划项目的基本情况。

2. 发展条件

发展条件主要包括项目发展背景、区位交通条件、周边发展态势、竞合关系分析、上位规划衔接、旅游资源分析、旅游市场分析、游客量预测,以及项目或项目地的SWOT分析等内容。这一部分的意义在于厘清规划内外部的各种因素和背景条件,由此确定规划的总体方向,引出规划的战略定位。部分案例也把这一部分总结为"项目背景"。

3. 战略定位

战略定位主要包括总体定位、功能定位、形象定位、市场定位、目标愿景五个部分。其中,功能定位主要影响功能分区的策划,形象定位和市场定位主要影响着营销策划。战略定位的各个部分共同决定了旅游景区旅游发展的总体方向,后续的部分都应围绕着战略定位进行。

4. 总体布局

总体布局主要包括布局理念、空间布局设计、功能分区设计及总平面图的图件。这一部分确定的是景区总体的空间布局情况,有的规划案例会把这一部分同分区策划结合起来,总体介绍景区的空间布局情况。

5. 分区策划

分区策划主要介绍各个功能分区的具体规划,尤其是各个分区的特色项目。为了节省篇幅,本书中部分案例会打破分区策划的原有结构,将部分项目拿出来作为"项目介绍",为项目策划提供参考。

6. 交通游线

交通游线规划主要包括道路交通规划、停车集散场地规划、内部游线规划及区域游线规划。内部游线可以是常规的一日游、两日游游线规划,也可以是主题游线规划和夜游游线规划。

7. 绿地景观

绿地景观规划主要包括景观规划原则和景观规划结构。部分以景观为主要吸引物的景区会有更细致的景观规划方案,如"梁湖花海"这一项目就对花海景观进行了更为细致的规划,为景区打造"万亩花海"IP。

8. 服务设施

服务设施规划包括住宿及餐饮设施规划、购物设施规划、旅游医疗规划,以及标识系统规划。作为景区的服务支持系统,这一部分看似大同小异,却对游客体验和景区营收有很大影响,须根据游客量预测和景区空间布局的总体情况对服务设施进行规划,以满足游客的需求。

9. 基础设施

基础设施规划包括给水设施规划、排水设施规划、电力设施规划、电信设施规划、环卫设施规划及综合防灾规划。这是景区运行必不可少的支持部分,需严格按照国家标准进行规划。一方面,尽管游客追求乡村生活美好宁静的氛围,但并不喜欢乡村生活的一成不变,景区规划应在营造乡村生活氛围的同时保证城市游客的生活质量;另一方面,防灾减灾的规划

对景区来说极为重要,事故的发生不仅会对人、财、物造成无法挽回的伤害,也会影响景区的声誉。

10. 土地利用

土地利用规划包括土地使用现状、土地使用规划及空间景观要求。这一部分和一般城乡规划的要求基本一致。

11. 环境保护

环境保护规划包括环境保护原则、环境保护目标、环境容量控制及分类保护规划。景区的环境保护一般包括容量控制、生态建设、实施VERP工程和污染物排放四条路径。

12. 营销策划

营销策划的内容包括主要产品、营销目标、营销策略、营销体系及营销方式等内容。其中,营销方式中最常使用的是活动营销,尤其是节庆活动营销。

13. 投资效益

投资效益这一部分包括开发模式、运营模式、盈利模式、分期建设、投资估算及效益分析几部分内容。有时也会将分期建设的内容直接放在项目总则部分。这一部分主要是确定景区的运营模式并预估在该种运营模式下景区开发的收益,因此,投资效益在部分案例中也被称为"项目运营"。如何利用好政府、企业及个人的力量进行运营?如何设置景区的盈利点?景区需要多长时间扭亏为盈?是这一部分需要解答的问题。在一定程度上,这一部分解答了该景区投入运营的可行性。

14. 保障措施

旅游规划本身只是一个方案,要实现规划中的内容需要全方位、多方面的保障措施。因此,可以认为这一部分是从另一个角度探讨了项目的可行性。保障措施通常包括政策保障、资金保障、人才保障及安全保障。

(四)美丽乡村村镇旅游建设规划编制的内容

同样作为美丽乡村旅游建设规划,村镇规划和景区规划既有相似之处也有不同之处。首先,相较于景区,村镇的规划更为宏观,尺度也不同。其次,相较于景区规划,村镇规划更注重在原有基础上的整治与改造。最后,村镇规划中可能会包含建立村规民约、改善乡村风俗的内容。

由于各村镇发展情况不同,即使有相同的技术路线,也会形成不同结构、不同内容的旅游规划,下面介绍一种最常用的美丽乡村村镇旅游建设规划大纲。

1. 审势——宏观视野

审时度势、了解项目背景情况是两类规划都需要完成的工作,相较于景区规划中"发展条件"部分的综合考虑,"宏观视野"板块考虑的主要是村镇发展的宏观背景情况。村镇规划的宏观视野板块包括宏观背景、上位规划、区域格局、发展机遇等宏观条件的分析以及最后的破题建议,从村镇发展的角度给出总体的旅游规划思路。

2. 研判——基础分析

了解了项目的宏观背景情况后,就要对项目本身的发展条件做研判。具体而言,村镇规划的基础分析板块包括对区位交通条件、规划范围、土地利用现状、场地现状、公共设施现状、基础设施现状、村庄建筑以及对村庄文化的分析,然后要对宏观视野和基础分析两个板块做一个综合的分析小结,来解读村镇进行美丽乡村旅游建设的内外部条件。

3. 定位——战略定位

完成了村庄条件的内外部分析,接下来要进行村庄旅游发展的定位,战略定位的内容主要包括战略定位(原本景区定位中的各项定位内容,包括形象定位、功能定位、景观风貌定位等)、目标愿景、案例借鉴及核心项目。除此之外,产业发展规划也可作为战略定位的一部分。

4. 构架——总体布局

确定了战略规划后,可以围绕战略规划的要求对村镇进行总体布局,具体内容包括空间布局、规划总平面图、村庄业态布局、村庄总平面图、村庄交通规划、村庄景观规划、村庄公共设施规划、村庄基础设施规划及村庄环卫规划。可以看到,景区规划被拆分为多个环节的规划,在村镇规划中都被纳入布局章节。

5. 改造——村湾整治

景观风貌的改造是打造美丽乡村的重中之重,因此规划中需要单列一个板块来进行村湾整治。具体来说,村湾整治的内容包括村庄(村湾)整治原则、改造内容与措施、建筑景观改造、道路景观改造、园林景观设计以及设施改造设计。这一环节需要景观方面的专业人才进行设计,要使村湾风貌在整体提升的同时不失乡村韵味。

6. 实施——规划实施

旅游规划具有应用性,其规划的最终目的仍在于实施,因此要提前为落地的项目做好规划。规划实施部分的内容包括实施计划、开发模式、运营模式、投资估算、效益分析以及村规民约。由于村镇一级具有一定的行政权力,因此可以通过对乡风文明的打造,鼓励村民加入美丽乡村的"共同缔造"中。

此外,如果村镇打造有特别的主题,也可按主题编制其规划结构,如宜昌鸣凤镇北门村以乡村振兴为主题构建美丽乡村旅游规划,也有村镇使用近似景区规划的结构编制规划。总之,村镇规划的编制要符合当地的具体情况。

实践篇

上篇

美丽乡村建设之景区规划

乡村是指主要人口稀疏分布、从事农业(牧业、渔业)生产的地区,乡村景观包括自然生态景观、村落景观、劳作景观、经济景观、农耕文化、民俗文化、民居建筑等。旅游景区是一个有明确界线、有专人管理、为游客提供旅游休闲服务的空间地域。景区化是指某个空间地域的特定资源对游客具有吸引力,经过开发与管理,配以旅游设施与旅游综合服务,所形成的具备一定旅游休闲功能的空间地域的过程。

将乡村转变成景区,有着得天独厚的优势条件,乡村自然和人文景观为景区建设提供了良好的环境基础,乡村文化为景区产品赋予了独特的文化价值,乡村生活风貌为景区建设营造了淳朴的乡土氛围。同时,乡村转变成景区也有利于建设美丽乡村和保障乡村的可持续发展。美丽乡村建设的重点在于实现村庄生产、生活与生态的和谐发展,而乡村旅游业发展主要承载经济、社会、文化和环境四大功能。"村庄景区化"将景区与乡村看作一个系统,通过系统内各方利益协调和资源优化配置,达到乡村经济、社会和环境的协调发展。"村庄景区化"的核心是构建空间互应、资源共享、要素互补和利益互显的共同体。当前,"村庄景区化"已成为许多乡村旅游地一种普遍的发展模式,许多村庄将大景区理念融入美丽乡村建设,将美丽乡村建设与旅游景区建设同步规划、同步建设及同步管理,优化公共景观及基础服务设施,形成"以景带村、以村实景、景村互动"的发展模式。

制定美丽乡村景区规划,要将重点放在推进美丽乡村向景区化乡村转型升级上,规划中要明确"村庄景区化"建设的标准、提出乡村环境景观化路径、深度挖掘乡村文化旅游资源、规划景区化村庄旅游新业态、提出"村庄景区化"配套设施改善方案和"村庄景区化"人才引进方案等。既要保留乡村独特的自然性、文化性,又要实现景区化的规范性、标准性,充分协调居民与游客的利益诉求,寻求乡村现代化与旅游乡土性、乡村景观保护与旅游产品创新、乡村生活服务设施均等化与旅游服务设施体验化的平衡。

案例 1

木兰栖塘景区
——木兰栖塘，微度天堂

规划区位于湖北省武汉市黄陂区罗汉寺街研子村，紧邻滠水河、东与木兰乡隔河相望，西紧邻武汉最美乡村公路——木兰大道。该项目的总体理念是顺应全域旅游、乡村振兴等战略方针，依托规划区木兰景群第一门户的区位交通优势，结合区域田园微丘、花海阡陌、水系纵横的景观意境，及区域特色水塘文化、木兰文化、农耕文化等，打造华中最佳露营地、水塘文化体验地、研学旅行基地、户外拓展基地，使其成为武汉城市圈微度假田间缔造者。该项目以"木兰栖塘"为核心定位，以"木兰栖塘·微度天堂"为主题形象，重点发展"生态观光""水乡慢游""露营休闲""文化研学""运动拓展"五大主题板块，构建了"一心一带一环五区六节点"的空间布局。其中，"一心"为游客服务中心，"一带"为栖塘漂游景观带，"一环"为田园漫步休闲环，"五区"为栖田·五彩稻田观光区、栖野·野趣露营度假区、栖水·亲子休闲游乐区、栖村·美丽乡村示范区、栖山·山地运动拓展区，"六节点"为五彩禾塘、莫奈椛塘、嬉戏泥塘、潋滟荷塘、栖钓鱼塘、木兰沐塘。该项目的亮点是通过构建慢交通、倡导慢生活、布局慢度假等形成慢生活体系，充分体现"木兰栖塘"景区的度假特色。

一、项目背景

（一）政策背景

1. 乡村振兴

2022年中央一号文件对"十四五"时期的"三农"制定了明确目标——"两条底线、三项重点"。"两条底线"是牢牢守住保障国家粮食安全和不发生规模性返贫，"三项重点"是扎实有序做好乡村发展、乡村建设、乡村治理重点工作。

2. 全域旅游

近年来，黄陂区狠抓全域旅游，大格局谋划，大手笔投入，推动旅游产业全景化打造、全业态融合、全领域覆盖，正在以"木兰"为主线，着力打造全国最大的城市生态景群和国家全域旅游示范区。

（二）区位交通

紧邻黄陂城区，位于武汉最美乡村公路木兰大道沿线，一小时通达武汉市区及木兰景群各景区景点，是黄陂北部旅游的第一门户，其展示作用、旅游驿站功能优越。

（三）竞争环境

木兰栖塘位于黄陂木兰文化生态旅游区南门户，以"木兰"为名，不仅增强了景区辨识度，也寄托了对当地文化的情怀。与周边景区在内容上进行差异化打造，使所有景区可联动发展，串联成线，形成景群，整体趋势是合作大于竞争。

周边竞合分析：本项目与周边景区整体趋势是合作大于竞争，相互之间可联动发展，串联成线，形成景群。

木兰栖塘竞合分析

景区名称	景区介绍	对比分析	竞合分析
大余湾	国家4A级景区，首批中国历史文化名村	大余湾为历史古村落，木兰栖塘是以五彩稻田、休闲露营、沉浸夜游为核心的乡村旅游景区，类型本质不同，核心竞争力存在较大差异，不构成威胁，相反二者之间可形成互补，联动发展	竞＜合
木兰山风景区	国家5A级景区，千年香火圣地，其宗教活动始于隋唐、盛于明清，佛道两教共处一山，每年海内外香客游人络绎不绝	木兰山为山岳型风景区，功能上以山地观光、烧香祈福、禅修体验为核心，木兰栖塘为平原型景区，主要以稻田休闲为主，一静一动，业态多样，竞争较少，且二者距离较近，可串联成线，共同组成一日游线	竞＜合
木兰三台山风景区	三台山得名于三台寺，清初由在五台山出家的顺治皇帝御赐寺名，民间还有"北跪五台山，南拜三台寺"之说	三台寺为千年古刹，因顺治皇帝赐寺名而闻名，是为游客提供佛教洗礼、体验大自然古朴气息、享受神秘野趣的天赐福地。三台禅寺、三台古坊、三台书院为其文化活名片。文化氛围浓厚，木兰栖塘则以乡村自然风光为主，文化氛围相对不足，整体合作大于竞争	竞＜合
木兰天池	国家5A级景区，国家级森林公园，分为风景游览区和休闲度假区。拥有丰富的森林资源和良好的生态环境	木兰天池山清水秀，瀑布飞流，山水交融，为国家级森林公园。木兰外婆家，是木兰将军小时候生活、习武的地方，环境优越，以生态观光为主，与本项目存在本质区别。趣味性、体验性为木兰栖塘的亮点，故二者不存在竞争	竞＜合
木兰草原	国家5A级景区，占地面积2万余亩[①]，分为草原风情旅游区和休闲度假区，是华中地区唯一的以草原风情为主题的国家5A级景区	木兰草原与木兰栖塘同属丘陵型景区，木兰草原范围更大，游玩内容更多，名气更大，夜游活动、休闲露营已成为其一大特色，且有景区专属定制演艺表演《云中战歌》，与木兰栖塘在功能上存在较大竞争	竞＞合
木兰花乡	国家4A级景区，华中地区最大鸟语林，被评为"武汉最美休闲乡村"和全国"三乡工程"示范基地	木兰花乡以花海观光为主，近几年更是开发了游乐项目二十余项，备受游客欢迎，木兰栖塘则以五彩稻田观光、稻田露营为主，部分内容存在重复，存在部分竞争	竞＜合

[①] 1亩≈0.000667平方千米。

(四) 资源禀赋

1. 赋存分析

规划区内旅游资源包括6个主类13个亚类45种基本类型。规划区内自然资源(地文景观、水域景观、生物景观)主要以花、田、河、塘等为主,乡村自然资源特征典型。人文资源(建筑与设施、旅游购品、人文活动)主要以地方文脉习俗为主。

2. 旅游资源定性评价

(1) 自然生态环境一般,但可塑性较强。

规划区海拔地势较低,整体生态环境一般,无明显代表性资源。但土地较为平整,水系纵横,可塑性较强。

(2) 资源同质化且等级不高,但基础设施完善。

(3) 区域文化特征较为不明显。

规划区资源文化特征较不明显,整体文化内涵是以黄陂区域木兰文化、农耕文化为整体品牌进行打造。

3. 旅游资源分析小结

整体资源先天不足,需要后天培育打造爆点项目,以活动引爆,方能突出重围。

(五) 客源市场

1. 市场环境研究

项目片区消费人口基数较大,但普遍来看,消费能级尚处低位。武汉消费能力高且周边出游意愿强烈,是本项目面向的主要目标客源市场。武汉已经初具超大城市的消费能力,但旅游能级不能匹配,仍有较大落差,武汉1000万人口的个性化周边旅游消费需求亟待释放;武汉人更关注周边游的体验感,对主题游乐一类的项目或产品更加偏好,对农业体验的关注度也较大。

2. 旅游市场分析

1) 微度假

微度假以旅游大众居住的城市为中心,以附近2小时以内车程的休闲旅游地区为目的地,自驾游是其主要出行方式。微度假是利用周末闲暇时间休养身心,与亲人、朋友一起享受美好度假时光的休闲方式,旨在寻求工作与生活之间的平衡。微度假正成为一种近车程、短距离、高频次休闲度假的新生活方式。自助、周边、家庭这一出行方式,近郊旅游、城市休闲这一出行目的,正成为大众出游的主流方向。

2) 露营热

国内旅游市场逐渐从以观光旅游形态为主向以休闲度假旅游形态为主转变,表现为旅游产品的不断升级。露营正在走进大众的日常生活。几年前,露营的主受众是热爱户外运动的驴友群体,但现在,露营的门槛变低了,它不再需要非常专业的户外知识,大众的参与度越来越高,现在的露营更像是一种休闲、旅游、社交活动。

二、规划内容

(一)战略定位

1. 总体定位

顺应全域旅游、乡村振兴等战略方针,依托规划区木兰景群第一门户的区位交通优势,结合区域田园微丘、花海阡陌、水系纵横的景观意境,及区域特色水塘文化、木兰文化、农耕文化等,通过构建慢交通、倡导慢生活、布局慢度假等途径,重点发展"生态观光""水乡慢游""露营休闲""文化研学""运动拓展"五个主题板块,打造华中最佳露营地、水塘文化体验地、研学旅行基地、户外拓展基地,使其成为武汉城市圈微度假田间缔造者。

2. 形象定位

形象定位——木兰栖塘·微度天堂。

宣传口号——露营木兰栖塘,枕水稻田时光;五彩田间画,陌上水生花;木兰栖塘微度假,露营稻田美如画;木兰栖塘稻香吹,戏水露营荷锄归。

3. 市场定位

1) 客源市场定位

基础客源市场:黄陂区及武汉市。

拓展客源市场:除武汉市的湖北其他市州。

机会客源市场:河南省、湖南省、安徽省等地区的市场。

2) 客源结构

消费水平定位:近期人均日消费定位为200—300元;中远期人均日消费定位为400—600元。

出游方式定位:自驾游为主,团队游为辅。

客源组成:主抓亲子家庭、青年情侣、研学学生三大主力客群。

4. 目标愿景

打造国家4A级景区、全国休闲农业与乡村旅游示范点、全国中小学研学实践教育基地、省级田园综合体、湖北省"三乡工程"示范基地。

5. 慢体系构建

1) 构建慢交通

布局慢行"小交通工具",形成生态慢行系统,如统一布局绿色骑行设备、漂游木兰溪游船体系、稻田小火车、电瓶观光车等,鼓励农户将闲置的牛车、马车、骡车拉出来作为田园特色摆渡工具。

2) 倡导慢生活

慢餐:依托区域原生态食材和健康产品,开发特色"栖塘宴"——包括全鱼宴、农家宴、长寿宴、瘦身宴等,烹饪方式推广慢蒸、慢煮、慢熬,从而保留营养。同时,进餐推广"细嚼慢咽",逐渐形成"慢餐"氛围。

慢娱:打造栖塘"白+黑"慢娱游乐体系。白天以观光游乐、休闲体验为主;夜间大力推进"月光经济",布局书吧、清吧、茶吧、户外KTV、家庭影院等,发展夜演和夜宴。

3)布局慢度假

围绕沙滩、草坪、河流、稻田、林地等景观内容,布局不同主题的户外露营度假设施,形成木兰栖塘独特的慢度假产品体系,并使其成为黄陂地区度假发展的引擎。

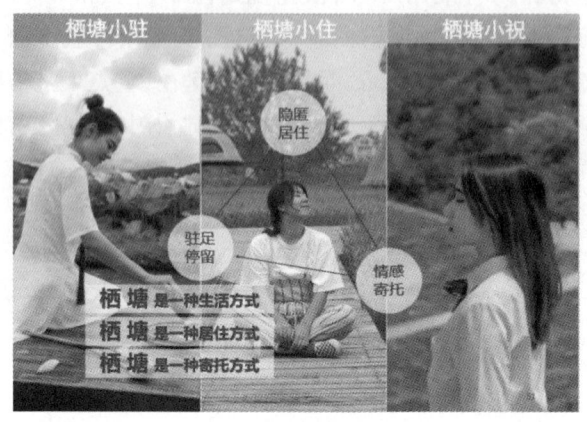

木兰栖塘慢体系

（二）总体布局

1. 功能分区——"一心一带一环五区六节点"

1)"一心"

"一心",即游客服务中心。

策划思路:规划区主入口区域,地势平坦,交通便利,展示作用强,规划将此处打造成规划区旅游服务中心,包含游客接待、信息咨询、售票服务、停车集散、旅游厕所等功能。

2)"一带"

"一带",即栖塘漂游景观带。

策划思路:将行船渠道改名为"木兰溪",1公里水上特色漂游,打通游客中心至露营沙滩点,以水上游线串联木兰栖塘东西两侧。

3)"一环"

"一环",即田园漫步休闲环。

策划思路:在田园漫步休闲环上布局慢行小交通工具,如景区电瓶车、马车、牛车、稻田小火车等,形成生态慢行系统,鼓励农户将闲置的牛车、马车、骡车拉出来作为木兰栖塘特色"摆渡工具"。

4)"五区"

"五区"包括栖田·五彩稻田观光区、栖野·野趣露营度假区、栖水·亲子休闲游乐区、栖村·美丽乡村示范区、栖山·山地运动拓展区。

（1）打造栖田·五彩稻田观光区。以五彩稻田、芝樱花海、油菜花海等主题为基础,打造大色块、大田园、大花海的景观基底,完善遮阴、休憩、餐饮等功能,发展花海生态观光功能,打造"网红打卡地"。

(2)打造栖野·野趣露营度假区。以"栖居"为主题,以"露营"为手段,以草坪、稻田、水岸为景观意境,打造草坪露营、稻田露营、湖畔露营等旅居场景,将木兰栖塘建设成为华中地区最美露营地;重点项目包括沙滩浴场、栖野草坪、水塘文化馆。

(3)打造栖水·亲子休闲游乐区。水,是木兰栖塘的纽带,它充斥在园区的各个角落,核心区的半山瀑布,自身的特色,游客也可在此玩水,亲子游乐与沙滩休闲形成联动,晚上的灯光秀场是栖塘打卡之地。

(4)打造栖山·山地运动拓展区。打造山地露营、闯关训练、短程越野、湿地保护、康养漫游等多种不同类别项目;选取木兰从军的故事主题,将花木兰由刚踏入军营到成长为女将军的过程植入到景区活动中,利用丛林、山地开设多种户外探险项目,丰富景区沉浸活动。

(5)打造栖村·美丽乡村示范区。采用收租农村闲置用房或与农户合作、农户自运营等方式,将张家畈村纳入景区板块,与村民一起实现共同富裕。保留其外在乡野特点,内化优美环境,形成吃、住、娱、养、学、艺多种业态形式,融合黄陂当地文化艺术,以唯美的方式进行打造,使栖村·美丽乡村示范区成为黄陂美丽乡村的标杆。

5)"六节点"

"六节点"是水塘文化体验。

水塘为木兰栖塘最具特色的旅游名片,以水塘为元素,以湿地造景为手段,打造六处水塘文化体验地,包含文化叙事、生态观光、休闲垂钓、亲水游乐等内容,打造华中唯一水塘文化体验地。

一节点,五彩禾塘。二节点,莫奈椛塘。三节点,嬉戏泥塘。

四节点,潋滟荷塘。五节点,栖钓鱼塘。六节点,木兰沐塘。

2.项目体系

木兰栖塘产品项目体系

3. 总平面图

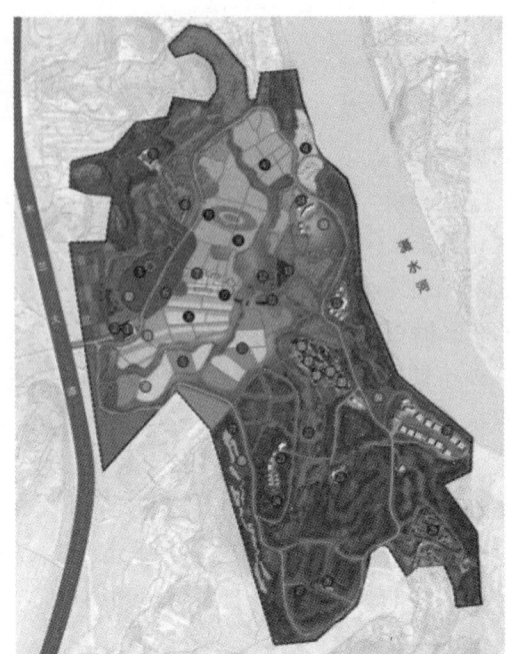

木兰栖塘总平面图

（三）绿地景观

1. 景观规划结构

1)"一带"

"一带"，即栖塘漂游景观带。

2)"一环"

"一环"，即田园漫步休闲环。

3)"两区"

（1）农田景观区（一期）——种植五彩稻田、油菜花田、芝樱花海等作物，打造大产业大色块、大田园的彩色景观效果。

（2）丛林景观区（二期）——在现有丛林的基础上，对山林进行清理，种植果树、花树等具备观赏性和实用性的苗木，改善山地林相景观。

4)"八景"（栖塘八景）

"八景"，即五彩稻田、芝樱花海、油菜花田、绿意山林、滠水河景、沙滩浴场、茅花飞雪、光影水秀。

2. 绿地系统结构

木兰栖塘将当地特色农作物（如水稻、油菜花等）及本地植被花卉（如芝樱花等）作为绿化首选，辅助配以各类果树和其他观赏性植被。绿地主要包括农业生产绿地、山丘密林绿地、滨湖生态绿地、花海景观绿地四类。

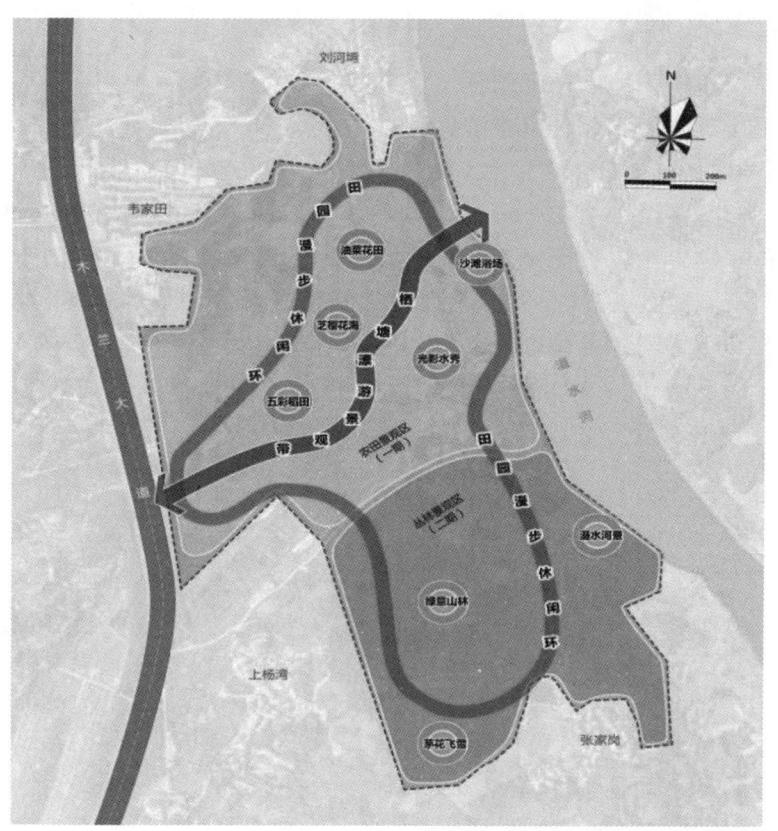

木兰栖塘景观规划结构图

3.村湾提升方案

整体村湾改造注重整体性,参考黄陂美丽乡村改造特色——徽派建筑风格,对张家畈村落进行重点精细化打造,建筑与景观融合一体,突出其特色。

(四)市场营销

1.主要产品

木兰栖塘主要产品表

产品类型	开发内容
游乐产品	五彩稻田、芝樱花海、木兰战车、水上乐园、木兰关山度、稻梦空间等
休闲产品	沙滩浴场、半山瀑布、光影水秀、木兰沐塘、栖云茶舍、木兰围场等
度假产品	栖塘人家、木兰营帐、张家畈美丽乡村等
体验产品	水上乐园、四季果园、栖塘垂钓、秋收体验等
研学产品	水塘文化馆、嬉戏泥塘、农耕研学等
产业产品	水稻、菜籽、水果采摘、绿色蔬菜、水产渔产等

2.营销目标

推广品牌形象:木兰栖塘,微度天堂

打造水塘湿地文及田园休闲旅游目的地。

3.IP衍生——栖栖与塘塘

为木兰栖塘打造两个形象IP——栖栖与塘塘,他们是双生子、姐弟俩。栖栖是弟弟,是山精灵,性格和懒羊羊很像,整天睡不醒。塘塘是姐姐,是水精灵,是由黄陂母亲河滠水河孕育而生,活泼聪颖。栖栖与塘塘是木兰栖塘的吉祥物,他们代表木兰栖塘,被用在栖塘宣传的各个方面,大到景观节点、品牌宣传,小到文创产品钥匙扣、挂件等。

栖栖与塘塘

4.营销体系

1)形象口号

形象口号:木兰栖塘·微度天堂。

2)品牌营销

木兰栖塘营销计划

营销计划	营销内容	
形象导入计划	品牌手册(含VI视觉传达系统)	
	品牌系列形象画面	
	木兰栖塘景区旅游指南	
	木兰栖塘景区旅游深度游折页	
	木兰栖塘景区旅游解说系统	
	木兰栖塘景区旅游微电影及宣传片	
媒体合作计划	电视广告投放	湖北广播卫视、武汉广播电视台
	门户网站合作	新浪旅游、百度旅游、驴妈妈网、携程旅行
	直播平台合作	抖音直播、斗鱼直播、一直播、映客直播
重点公关活动、节庆活动计划	—	
区域市场促销	户外广告投放	武汉市各大火车站、汽车站
	旅游公交投放	重点市场旅游公交巴士
	旅行社促销	重点市场旅行社

3）媒体推介

木兰栖塘媒体推介

市场类别	市场定位	营销推广措施
基础市场	武汉市	·平面广告（武汉市主要道路、公共车体及旅游公路等重要道路沿线上设置路牌广告） ·电视媒体（湖北广播电视台黄金时段旅游广告） ·网络媒体（通过发布或者投放武汉市旅游论坛网站的信息和广告，对木兰栖塘景区旅游进行推广）
拓展市场	除武汉市的省内其他城市	·电视媒体（武汉广播电视台黄金时段旅游广告） ·户外媒体（武汉市各大火车站、汽车站的液晶电视，以及LED智能刷屏机和大屏幕） ·网络媒体（利用马蜂窝、今日头条等网络媒体进行推广）
机会市场	河南省、湖南省、安徽省等周边省市市场	·电视媒体（河南卫视、湖北卫视、安徽卫视广告） ·高铁媒体（在《旅伴》《时代列车》等动车杂志中投放旅游信息），与中青旅、中国国旅等目标客源地旅行社形成战略合作。 ·网络媒体（在携程旅行、途牛旅游、去哪儿等网络媒体上发布旅游信息）

三、建设成效

（一）产业兴旺

在旅游项目建设之前，村里一穷二白，农业几乎是这里唯一的支撑产业。木兰栖塘景区依托当地自然资源和人文资源而建，带动了旅游及其相关产业的发展，如餐饮、酒店等。景区集生态与观光于一体，着力打造别具一格的"稻田文农旅"IP。景区将乡村田园风光与现代光影科技相融合，打造了稻田瀑布、星际光影秀、国潮电音节、古装情景剧、灯光秀美食游乐、热气球等丰富的游玩项目，丰富了旅游业态。到了丰收季，这里的农产品也可以正常采收，实现了景观可赏、作物可食，增产增收。

（二）生态宜居

项目的建设使得普通的稻田摇身一变成为了独具特色的五彩稻田，曾经的撂荒地在景区的建设中焕发出勃勃生机。园区已经建成的景观包括五彩稻田画、华中最大的人工瀑布、栖塘沙滩等，每年春天，还有七彩油菜和大片的紫樱花海，美不胜收。在稻田设计工作者的努力下，这里以大地为"板"、水稻为"彩"，呈现了木兰栖塘"稻田画"，一幅幅生动的画作展现在游客眼前，蓝天白云映照下的"稻田画"美轮美奂，星空夜景下的稻田画是视觉的盛宴。

（三）乡风文明

木兰栖塘把培育和践行社会主义核心价值观贯穿农村文明创建活动全过程，将"文明种

子"遍撒农村大地。思想是行动的先导,价值是行为的标准。木兰栖塘积极推进移风易俗,大力培育新型农民、培育优良家风、培育新乡贤文化,修订村规民约,提高村民素质。景区建设使原本呆板的庄稼地变成了一幅美丽的风景画,提高了农民种地的积极性,使农民更有成就感;还提升了农民对农文旅工作的参与感和信心,增强了农民的获得感和幸福感。

(四) 治理有效

近几年,黄陂木兰栖塘现代农业产业园深耕新农村发展,紧扣乡村振兴主题,通过建设色彩农业、景观农业、创意农业,打造融农、文、旅于一体的新农村范本。农文旅的融合,让这里的自然资源成了亮眼的景观,它不仅让传统田园焕发出了勃勃生机,更是改变了村容村貌,帮助农民走上了增产增收、实现乡村振兴的有效路径。项目开工以来,越来越多的农民加入其中,他们在田里帮忙除草、种草皮、种油菜,实现了每年打工收入过万元的目标,越来越多的村民也开始享受项目带来的"红利"。新闻报道,黄陂区木兰栖塘在乡村振兴政策的指引下,已成为远近闻名的美丽乡村。

(五) 生活富裕

木兰栖塘景区的建设后,该地从仅依托农业的生计方式向农文旅结合的多样化生计方式转变,这使得附近大量村民的生活有了更好的保障,收入水平也有所提高。以前,农民一成不变地种地,而在这里,光种植的水稻品种就有绿、黄、紫、红、黑五种颜色;而且通过做"画",从种植布局等方面都有了变化。相比普通水稻,彩稻的价格更贵一些,比如黑色品种是黑糯,市场价可达十几元一斤,市场前景很大。所以,这种尝试可以改变传统的种植模式,引进新品种,通过夹种、套种等,增加种植品种,改良土壤,从而获取更好的效益。

案例 2

梁湖花海旅游区
——花海世界·余音绕梁

规划区位于湖北省鄂州市梁子湖区东沟镇余湾村,具体规划区域主要集中在村庄中部的成片耕地区域。该项目的总体规划理念是以梁子湖区全域旅游和乡村振兴为契机,以推动农旅融合、城乡融合、武鄂融合发展,壮大梁子湖区全域旅游和现代农业产业,建好武汉城市圈"后花园"为目的,以规划区便捷的区位交通条件、田地资源为基础,打造集农业生产、休闲观光、"网红打卡"、亲子娱乐、婚纱摄影、农耕教育、共享农业等功能于一体的特色花海主题乡村休闲旅游目的地。

该项目以"梁湖花海"为核心定位,以"花海世界·余音绕梁"为主题形象,结合田、塘、林等资源,因地制宜,形成"一心、一廊、一环、两翼"的空间布局形态,其中,"一心"为游客中心,"一廊"为余长花道景观廊,"一环"为浪漫花海风情环,"两翼"为东部观光休闲翼和西部娱乐体验翼,打造综合服务区、花艺观光区、花镜摄影区、水稻示范区、花趣游乐区、花夫体验区六大功能区。该项目的亮点是充分利用花卉型经济作物资源,将花海特色和梁子湖水乡风情相结合,发展多种产业业态,实现了农文旅融合。

一、项目背景

(一)政策背景

(1) 2022年中央一号文件——《中共中央 国务院关于做好2022年全面推进乡村振兴重点工作的意见》。

(2)《"十四五"推进农业农村现代化规划》——优化乡村休闲旅游业,建设乡村旅游重点村镇。

(3)《湖北省旅游业发展"十四五"规划》——助力乡村旅游体系构建、特色旅游片区打造、乡村旅游要素创新、乡村旅游品牌培育。

(4)梁子湖区全域旅游"126N"工程——引领旅游产业升级。

梁子湖区全面实施全域旅游"126N"工程,其中,"1"即以梁子岛景区为核心,"2"即依托沿幕阜山户外休闲带和环湖生态绿道旅游带,"6"即打造五镇一新区共六个(五镇一新区)相对完整独立又联系紧密的旅游集散点,"N"即该工程旨在打造若干美丽村湾、田园综合体、旅游小镇、农业特色种养基地等旅游点。

（二）区位交通

项目地所属鄂州市东沟镇，位于梁子湖区北部，东与黄石大冶黄金湖乡为邻，西与武汉市接壤，地处三市边界的腹地，毗邻梁子湖生态旅游度假区，10分钟车程可到达长岭旅游码头、磨刀矶旅游码头，有良好的发展依托。

项目地处于武汉"1+8"城市圈中，距离武汉市中心约50公里、鄂州约35公里、黄石约50公里、黄冈约50公里、咸宁约80公里，1小时内可辐射武汉、鄂州、黄石、黄冈及咸宁部分地区；316国道穿过余湾村、鄂咸高速从余湾村东南角纵向贯穿，项目地10分钟车程可到东侧鄂咸高速入口，20分钟车程可到达北侧武阳高速入口，316国道、东磨路、东湖大道、珍珠大道、乡道等与地块直接相连，项目地交通可进入性良好。

（三）竞争环境

1. 鄂州市A级景区发展情况

拥有11处景点，景点等级相对较高，国家4A级景区3个（莲花山、梁子岛、西山）、省级度假区1个（红莲湖）、国家3A级景区7个。

产品类型上，主要以自然山水、红色文化、名人文化等核心资源为吸引物，开发模式以自然依托的粗放式为主。

2. 梁子湖区旅游发展情况

旅游景点众多，全区已建设特色生态农业基地169个，完成13个省级示范村、30个整治村建设，整体旅游氛围浓郁，但旅游景区类型同质化较为严重。

3. 竞争策略

基于此，本项目以国家3A级景区标准建设，结合消费升级，特色化、主题化等市场发展及乡村旅游发展4.0阶段的趋势，打造满足当今都市游客逃离钢筋水泥、回归田园的乡村旅游需求的"网红打卡点"。

（四）资源禀赋

1. 赋存分析

规划区内旅游资源包括5个主类7个亚类16种基本类型。主要以自然资源（水域景观、生物景观）花、田、湖等为主，乡村自然资源特征典型。人文资源（建筑与设施、旅游购品、人文活动）主要以地方农业设施、农业产品为主。

2. 资源评价

1) 资源类型较为多样，自然人文景观兼具，质量数量需提升和丰富

项目旅游资源包括5个主类7个亚类16种基本类型。乡村自然资源特征典型，兼具部分人文资源。从旅游资源的等级和数量看，资源情况较为一般。

2) 核心资源突出，以三大花卉型经济作物为主

核心资源表现较为突出，旅游资源以油菜花、荷花、向日葵三大花卉为主，打造花海IP，兼具经济价值、观赏价值。

3）资源独特性一般,需强化体验娱乐性

项目的旅游资源如荷塘、油菜花、民居、乡村、田野等,都较为常见,独特性一般。需依靠花海,增强游客的体验性,多设置"网红打卡点",差异化发展,提升市场竞争力。

（五）客源市场

1. 主要客源市场

1）武汉——消费能力高,出游意愿强烈

消费能力高,周边出游意愿强烈。2021年,武汉市全年城镇居民人均可支配收入55297元,全年城镇居民人均消费支出36684元,武汉仍是湖北省最大的消费市场。

武汉初具超大城市的消费能力,但旅游能级尚不匹配。武汉千万人口的个性化需求、周边微度假旅游消费需求亟须释放。

武汉游客更关注项目游玩的体验感。对主题游乐类的项目或产品更加偏好,对文化创意、休闲农业、乡村旅游等的关注度也较高。

2）鄂州——旅游氛围强,发展潜力大

总体旅游人数、旅游收入呈现较快增长。2020年受疫情影响,稍显回落。

鄂州文旅市场,以本地和武汉为主要客源地的旅游业的"自驾、自主、自助、自费"开放式的旅游渐成主体,团队游客比例明显下降,散客比例明显上升。

2. 专项市场

1）乡村旅游和休闲农业

2020年受疫情影响,乡村旅游和休闲农业按下了"暂缓键",随着生产生活秩序逐步恢复,城乡居民被抑制的旅游需求得到持续释放,山清水秀、生态环境优美的乡村极具吸引力,旅游接待量在稳步增长。

2）亲子市场

近年来,家庭亲子游成为旅游市场发展的新方向。随着国民受教育程度的提升,以"80后""90后"为代表的新生代家长日渐重视孩子的全方位培养与教育,更加关注科学育儿和正确育儿,也愿意投入更多时间和金钱在孩子的教育上,包括能力的培养及社会交往、情感需求等方面的教育。本项目依托田园、花海,在做好亲子休闲、亲子游乐、亲子农耕等项目的同时,也在提升亲子出游的吸引力。

3）研学市场

国家高度重视研学市场,2016年,教育部等11部门联合印发了《关于推进中小学生研学旅行的意见》,研学相关政策密集出台,研学市场潜力巨大。

2016
- 《关于推进中小学生研学旅行的意见》——研学旅行的纲领性文件,我国教育革命性的改革

2019
- 《中国教育现代化2035》——注重知行合一,融合发展
- 《新时代爱国主义教育实施纲要》——聚焦青少年,广泛开展实践教育活动
- 《关于全面加强新时代大中小学劳动教育的意见》——把劳动教育纳入人才培养全过程,以劳增智、以劳强体、以劳育美

2017
- 《中小学德育工作指南》——研学旅行:实践育人
- 《中小学综合实践活动课程指导纲要》——研学旅行:考察研究

2020
- 《全国三亿青少年进森林研学教育活动方案》
- 《中小学贯彻落实〈新时代爱国主义教育实施纲要〉重点任务工作方案》
- 《深化新时代教育评价改革总体方案》
- 《大中小学劳动教育指导纲要(试行)》
- 《关于进一步加强和规范教育收费管理的意见》
- 《教育系统"制止餐饮浪费 培养节约习惯"行动方案》等

国家出台有关研学旅游的政策

二、规划内容

(一)规划范围

项目位于湖北省鄂州市梁子湖区东沟镇余湾村,具体规划区大部分集中于村庄中部的成片耕地区域,总规划面积1010亩。

(二)战略定位

1. 总体定位

"梁湖花海"是一个以梁子湖区全域旅游和乡村振兴为契机,以推动农旅融合、城乡融合、武鄂融合发展,深度融入武汉城市圈,壮大梁子湖区全域旅游和现代农业产业,建好武汉城市圈"后花园"为目的,以规划区便捷的区位交通条件、田地资源为基础,打造集农业生产、休闲观光、"网红打卡"、亲子娱乐、婚纱摄影、农耕教育、共享农业等功能于一体的特色花海主题乡村休闲旅游目的地。

2. 形象定位

形象定位:花海世界·余音绕梁。

3. 市场定位

基础客源市场:武汉市、鄂州市。

目标客源市场:黄冈市、黄石市等周边城市。

机会客源市场:河南省、湖南省、安徽省、江西省等周边其他地区。

在此基础上,锁定亲子家庭客群、银发长者客群、青年情侣客群三大主力客源群体。

4. 目标愿景

期望可以通过本规划,将梁湖花海景区提升为国家3A级景区、湖北省休闲农业示范点、湖北省乡村振兴示范基地和鄂州市中小学生劳动教育实践示范基地。

（三）总体布局

1. 布局理念

1）尊重现状，因地制宜

在布局上，充分尊重土地利用现状，不占用基本农田，保留农业生产功能，点状布局，以发展休闲观光农业为主。

2）动静分区，东游西娱

有机区分休闲与娱乐、动区与静区，余长路以东，地形有特色，东北角呈梯田分布，形似两条鱼，宜发展休闲观光。西部地形较为平缓，可适当布局娱乐项目。

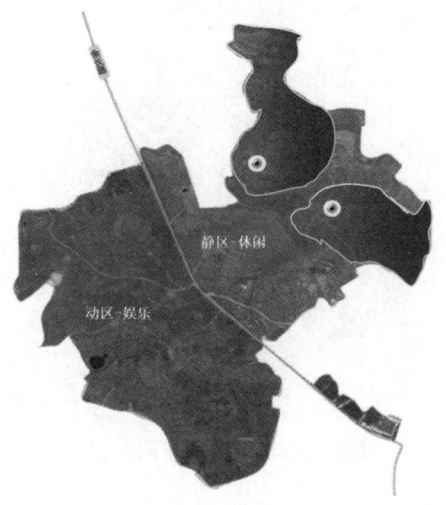

景区动静分区

3）多点发展，环线联动

在规划区各处均匀分布参与性较强的打卡点，并通过休闲环线进行串联，以线串珠，以点带面，实现项目的合理布局，丰富游玩内容。

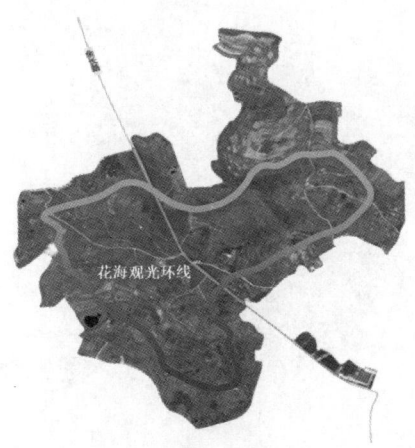

花海观光环线

2. 空间布局

以规划区区位交通优势为依托,结合田、塘、林等资源,因地制宜,形成"一心、一廊、一环、两翼"的空间布局形态。

"一心":游客中心。

"一廊":余长花道景观廊。

"一环":浪漫花海风情环。

"两翼":东部观光休闲翼、西部娱乐体验翼。

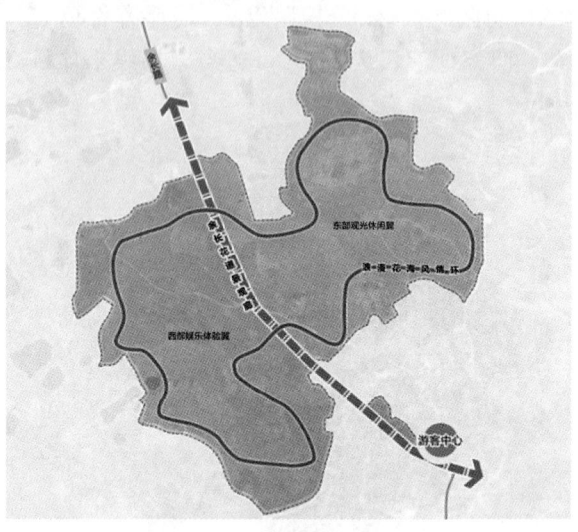

梁湖花海景区空间布局

3. 功能分区

以"花海"为主题,规划区共分为综合服务区、花艺观光区、花镜摄影区、水稻示范区、花趣游乐区、花夫体验区六大功能区。

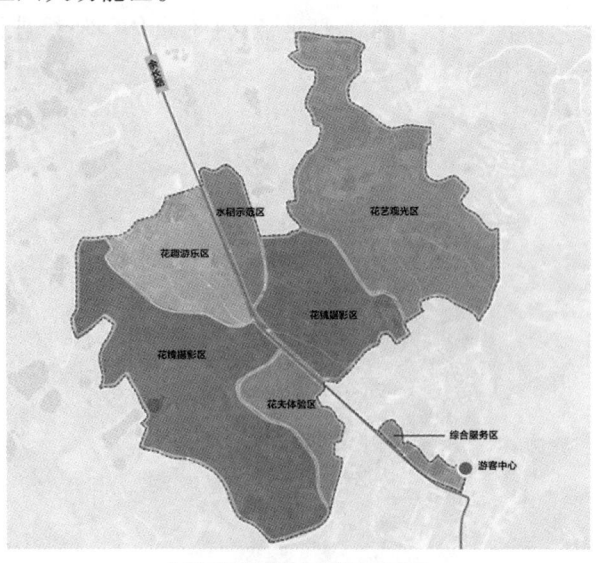

梁湖花海景区功能分区图

4.总平面图

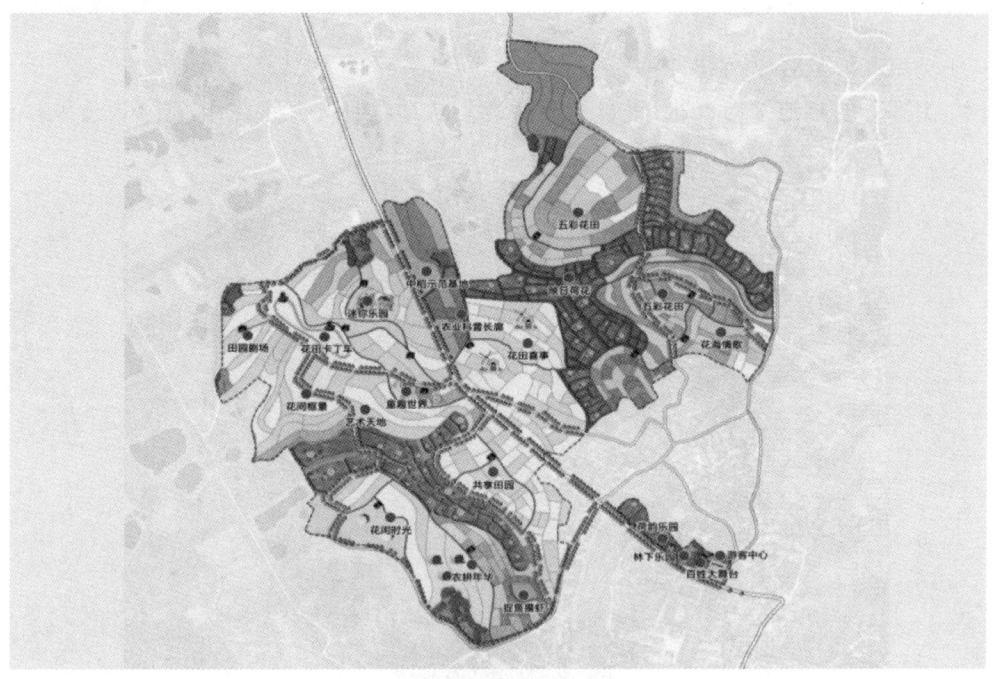

梁湖花海总平面图

（四）景观规划

1.景观规划原则

1）现状保留

保留现状良好作物，新增作物自然融合。

2）景观尺度

花海大景观大气，"网红小空间"精致。

3）分区特色

整体风格自然和谐，分区突显各自特色。

2.花海景观定义

田——田间花。

林——林里花。

塘——塘中花。

路——路边花。

3.花海系统规划

1）作物规划——"油菜＋向日葵"轮作

（1）规划区以当地特色作物（如水稻、油菜花、向日葵、荷花等）及本地植被花卉（如桂花）作为绿化首选，营造淳朴的田园大地景观，同色系的农作物带来不同的体验。

(2) 田地花海景观以油菜花、油葵进行轮作。部分种植水稻,打造高标准农田大地景观。

(3) 坑塘花海景观以荷花种植为主。

(4) 少部分的林地维持现状,进行杂树清理。同时增加植物种类,丰富景观效果。

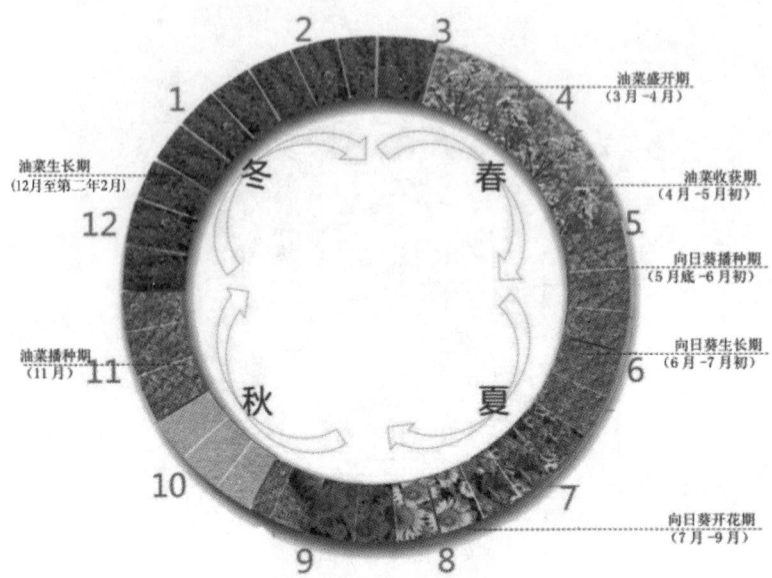

梁湖花海作物规划

2) 植物规划——余长路沿线

交通主轴余长路打造独特多元的景观,巧用植物打造沿路四季景观,一季一品,在慢行系统与交通动线相交处打造以下景观节点:

(1) 春风桃李。

(2) 樱花夹道。

(3) 青翠香樟。

(4) 秋枫流丹。

4. 花海IP塑造

1) 轮作换茬,四季花开

依据空间布局、开花时序合理搭配花卉种植,形成轮作换茬、四季更迭的种植模式,以及次第花开、时见时新的花期控制,使花海景观达到主次分明的效果,在保障五一、十一两大节日有大量花朵盛开的基础上,实现全季有花的景观效果。

2) "网红打卡",节点景观

通过活力节点设置营造特色网红构筑物,满足人和场地的互动,达到引流的目的。

3) 主题活动,强化形象

依据花海中花卉品种设计以花为主题的体验活动、节事庆典、文创产品等,将"梁湖花海"品牌效应扩大、延展。

4) 独特文创,"花粉"效应

(1) 打造梁湖花海景区三大吉祥物——"余湾三姐妹花",用拟人化的形象IP人物"出圈",吸引市场关注度,形成"花粉"朋友圈。

(2) 三个吉祥物形象设计各有特色,分别以油菜花、荷花、向日葵三种花卉为原型,风格偏萌。"余湾三姐妹花"不仅是余湾村的形象大使,更是余湾村的欢迎大使。在后期营销中,可围绕三个吉祥物进行相应文创产品的设计与开发。

梁湖花海景区三大吉祥物

5. 景观规划结构

景观规划结构——"一环三区九景"。

1)"一环"

"一环"即浪漫花海风情环。

2)"三区"

(1) 农田景观区:农田区域种植中稻特色水稻、油菜花等农作物,打造大产业、大色块、大田园的彩色景观效果。

(2) 花海景观区:基于花海中的油菜花、荷花、向日葵等观赏性花卉,打造集观赏、生产功能于一体的绿地景观,营造大色块、大花海的景观基底。

(3) 坑塘景观区:在规划区内现有的荷塘、水塘基础上,对坑塘驳岸景观及水体进行清理,扩大荷花种植面积,提升水体景观。

3)九景

(1) 花海情歌。

(2) 五彩花田。

(3) 映日荷花。

(4) 花田喜事。

(5) 田园剧场。

(6) 花间框景。

(7) 童趣世界。

(8) 艺术天地。

(9) 花闲时光。

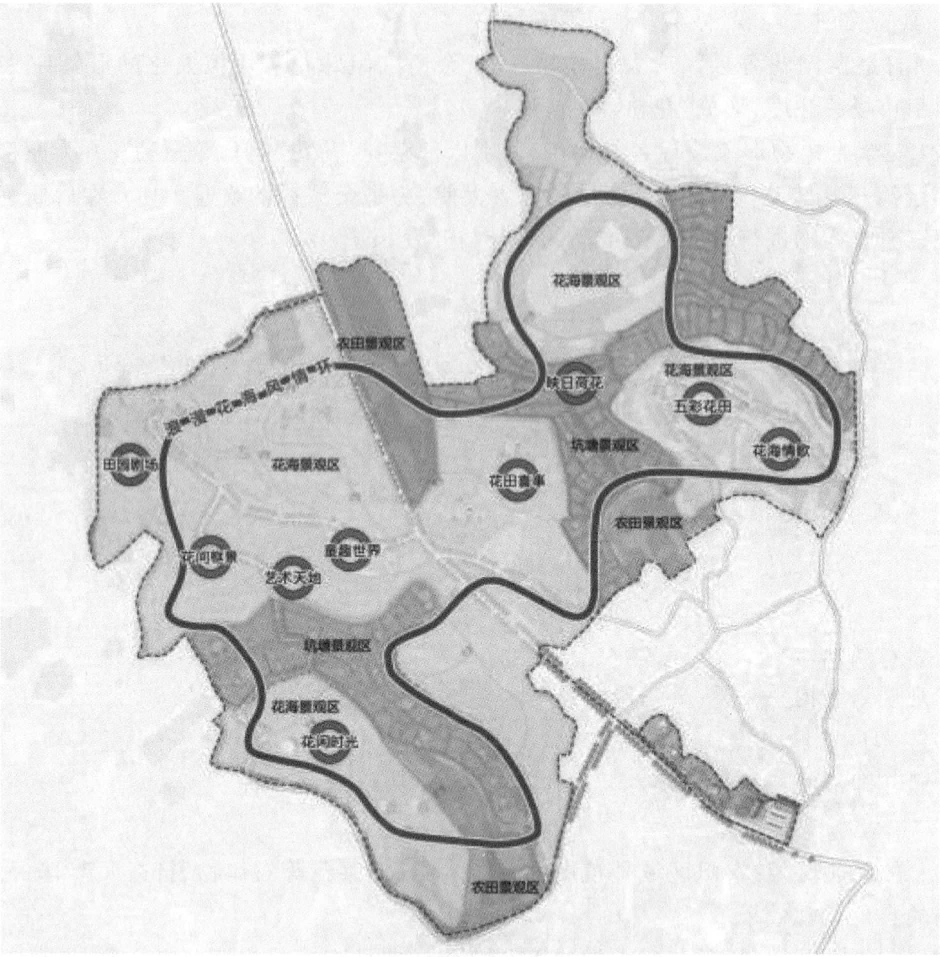

梁湖花海景观规划结构图

(五)营销策略

1. 主要产品

充分利用规划区的旅游资源、农耕文化,策划富有价值的旅游产品,满足旅游者的心理需求,增加余湾村的社会效益和经济效益。余湾村梁湖花海打造的旅游产品经过科学合理的开发之后,不仅能增加景区的吸引力,还可以进一步优化规划区的生态环境。

梁湖花海主要产品

产品类型	开发内容
观光休闲产品	荷韵乐园、五彩花田、映日荷花、花海情歌、花闲时光
"网红打卡"产品	花田喜事、童趣世界、艺术天地、花间框景、农耕年华
娱乐拓展产品	林下乐园、百姓大舞台、田园剧场、捉鱼摸虾、花田卡丁车、迷你乐园
科普研学产品	中稻示范基地、农业科普长廊、劳动教育、农耕文化
乡村产业产品	共享田园、菜籽及菜籽油、葵花籽及葵花籽油、莲蓬及藕带、特色水产渔产、有机蔬果、大米等

2．形象口号

梁湖花海，魅力余湾。

花花世界，袅袅余音。

千年福地梁子湖，水乡花海余湾村。

漫游江南水乡，花遇田园余湾。

3．营销目标

1）品牌推广形象

花海世界·余音绕梁。

2）营销总体目标

树立鄂州市知名乡村旅游开发品牌。

3）营销阶段目标

（1）近期目标：通过旅游产品支撑和旅游营销推广，在鄂州树立田园生活和"农业+旅游"先锋形象，将项目打造成为集农业生产、休闲观光、"网红打卡"、亲子娱乐、农耕教育等于一体的特色花海主题乡村旅游目的地，并融入梁子湖区乡村旅游游线，逐步提升其在鄂州市区域内的知名度。

（2）中远期目标：提升鄂州市、武汉市及其周边旅游市场的影响力，扩大乡村旅游品牌在其他城市的知名度，向外拓展至整个湖北省市场。

4．营销策略

1）塑造品牌价值

活动、服务和旅游商品围绕"花海世界·余音绕梁"的旅游形象，进行品牌开发和品牌营销。

2）进行联合营销

联合进入地方城市旅游营销体系；联合梁子湖区其他乡村旅游景区、旅行社等，强强联合以实现客源共享和经营互利。

3）活动制造热点

策划不同活动、话题热点，以微博、微信、抖音等平台为基础构建新媒体营销网络，放大热点效应，增加市场热度。

4）差异化营销

针对不同客群的偏好，有针对性地进行旅游产品和旅游线路的营销，分渠道进行推广，提高市场覆盖率。

5．节庆活动

节庆活动策划是一项以节日为载体，通过对节庆活动的安排和节庆内容的设置，来达到对当地优势资源的宣传或者获得经济资源收入目的的一种策划方案。依托梁湖花海的特色资源，根据已定位的目标市场，本规划为景区策划了12个活动，节庆活动月月不间断，吸引主要客群来到景区参观游览。

梁湖花海节庆活动时间表

3月	4月	5月	6月	7月	8月	9月	10月	11月	12月	1月	2月
油菜花节	花趣风筝节	田园摄影节	荷花节	花田泥巴节	田园音乐节	向日葵节	秋收节	田园动漫节	民俗文化节	土特年货节	新春游园节
春之美			夏之趣			秋之实			冬之藏		

6. 活动策划

除了大型节庆活动，一些小的活动策划对于景区在小长假吸引客流也很有帮助。一份好的活动策划，可有效提升景区的知名度及品牌美誉度。以下介绍本项目中部分活动的具体策划：

1）花海无人机摄影大赛

（1）活动时间：3月。

（2）策划思路：设置专门会场，开展无人机租赁活动，同时允许游客自带无人机，不论哪种方式，均需要登记，同时配置专业技术人员，以提供技术支持。开展摄影展与评比活动、无人机摄影技巧交流活动等。

（3）活动内容：无人机摄影大赛、摄影展与评比、无人机摄影技巧交流等。

2）服装展演节

（1）活动时间：4月。

（2）活动主题：展服装魅力，现中华文明。

（3）策划思路：开展汉服、旗袍等花间服装秀，打造以服装展演与体验拍摄为核心，以服装租借、服装出售、服装文化学习、服装DIY等于一体的特色服装展演节。

（4）活动内容：旗袍T台秀、汉服骑猎、唐装击乐、民服舞艺、服装租借、服装出售、服装文化学习、服装制作等。

3）荷花文化节

（1）活动时间：6月。

（2）活动主题：游梁湖绿水·赏余湾荷花

（3）策划思路：

① 策划荷花争艳的实景表演。

② 邀请当地知名画家在现场挥毫泼墨，以诗画歌咏荷魂、咏美好新时代。

③ 邀请摄影家，用镜头记录下荷花美景。

④ 开展"亲子绘荷之旅"活动，共同绘出最美余湾荷花盛况。

⑤ 策划文艺活动，包括歌舞表演、魔术表演、童星礼服秀、快闪秀等。

⑥ 设计百名荷花使者点亮许愿灯的环节，使现场变成一场荷花文化的狂欢盛典。

（4）活动内容：荷花仙子演出、诗画歌咏荷魂、荷花摄影、亲子绘荷、荷间文艺汇演、荷花祈福灯会。

三、建设成效

（一）产业兴旺

"游余湾油菜花海、品梁湖生态美食"已成为时下乡村旅游的"新玩法"。每逢周末，一些市民纷纷自驾畅游余湾村万亩油菜花海、品梁湖生态美食，体验乡村旅游的乐趣。

本项目通过盘活乡村农舍资源，合理利用基本农田，以土地流转为纽带，扩大油菜种植，创意田园景观，发展餐饮民宿，生产加工食用油等特色产品，带动群众就近务工就业，壮大乡村集体经济，提高农民收入，将余湾花海打造成一二三产业融合发展、助力乡村振兴的示范项目。此外，梁子湖区还通过农旅融合大力发展油菜产业，聚焦油菜产业链，做好延链、补链、强链，打造农产品区域公共品牌，高标准谋划农文旅融合发展。

（二）生态宜居

过去，生产条件差，种田成本高、收益低，还要看天吃饭，付出与收获不成正比，导致许多村民放弃耕作、许多耕地荒废。

项目建设后，区城投公司聚焦全链条发展，以项目导入，推进一二三产业融合。把村庄打造成景区，以沿湖绿道为线，把九个村串联成一个大景区，每一个村按3A景区标准来进行规划布局。此外，还与余湾签订土地流转协议，流转期限为十年。土地集约后经过翻土、整行、平土等一系列工序，将小块田变为大块田。再通过无人机对整个地形、地块进行绘制，制定种植计划，实现流转土地应种尽种，高效利用。目前，共种植大豆2900亩、向日葵300亩、荷花800亩、水稻800亩。让撂荒地变成了良田。

2021年10月，鄂州市梁子湖区被生态环境部列入第五批"国家生态文明建设示范区"名单。每到春季，余湾村"春田遍野泛金光，陇上游人穿梭忙"，坡地油菜花海成为八方游客赏玩拍照的打卡胜地。

（三）乡风文明

项目建设以来，村政府收集民意，听取民声，发挥民智，汇聚民力，整合各项资金，对余湾村进行规划建设。项目建设，充分尊重村民意愿、保留村庄特色，结合本村实际和发展需要，规划设计出符合当地村民意愿的方案，点燃了村民的美丽家园梦想。自己的家园自己建，村民积极性很高，主动配合。

通过对乡村的缔造，余湾人居环境得到明显改善，村民的参与度得到进一步提升，获得感、幸福感、安全感显著增强。

（四）治理有效

过去土地经营流转都是村集体把土地流转给合作社或民营企业，而且都是以单一村湾为单位。现在区政府授权区城投公司，采取连片开发模式，启动东梁子湖文旅项目，发挥专项债"四两拨千斤"的引导作用，与东沟、梁子、沼山三个镇沿东梁子湖九个村支部签订协议，整合资源,推动构建"支部+村投+国有企业"多元开发新格局。东沟余湾村、徐山村充分发挥党支部战斗堡垒作用,三个月时间流转土地5000亩,余湾村成立村投公司,与区城投公司组建项目公司,并成立劳务公司,共同推动万亩花海建设。

项目实施以来,村投公司参与土地翻耕整理、村庄整治等项目和农业用工、建筑用工劳务,盘活撂荒地、宅基地资源,通过国有企业带动,把资源变资产,资产变资本,使村集体经济收入更多元、更有活力。

(五)生活富裕

项目建设至今,已通过农家乐、美食街、景区旅游、油料加工等带动乡村振兴,实现创收,目前每年累计带动本地劳动力就业1万人次。

据余湾村党支部书记余天栋介绍,村民种植油菜花选用的品种都是精选的产油优良品种,油菜花种植不仅具有观赏价值,也具有实际的经济价值,实实在在地为居民创收。通过土地流转,农户每人每年可增收700元左右,另外务工收入人均3000元左右。村民的收入增加了,村庄变美了,幸福指数也越来越高,村民们的脸上都洋溢着幸福的笑容。

案例 3

卸甲坪旅游区

——卸甲山水·韵味土家

规划区位于荆州市松滋市卸甲坪土家族乡西南边陲,跨两省三市(湖南常德、湖北荆州、湖北宜昌),是鄂南湘北承上启下的重要节点。该项目的总体理念是借势松滋市全域旅游及乡村振兴等战略方针以土家文化为底蕴,以土家生活特色体验为引领,集自然观光、文化传播、民俗游乐、情景展示、休闲度假五大功能于一体,将卸甲坪景区打造成为全国知名旅游目的地、具有国际品质的土家山乡旅游胜地。该项目以"卸甲坪旅游区"为核心定位,以"卸甲山水·韵味土家"为主题形象,形成了"一廊三区"的空间布局,其中,"一廊"为曲尺—洈水十里画廊,"三区"为土家原乡、曲尺柔情、奇趣马尾。该项目的亮点深度挖掘了当地土家文化特色,开发了丰富的土家文化体验项目,在食宿行游购娱六要素方面都融入土家文化元素,打造了土家山乡旅游胜地。

一、项目背景

(一)政策背景

1."两山理论"

"两山理论",是生态文明千年大计,绿水青山就是金山银山成为共识。

(1)牢固树立"绿水青山就是金山银山"理念。

(2)创建"两山"实践创新基地。

2.乡村振兴

2022年中央一号文件指出硬措施保护耕地,严守粮食安全底线。中央一号文件对"十四五"时期的"三农"制定了明确目标,两条底线、三项重点,两条底线是牢牢守住保障国家粮食安全和不发生规模性返贫,三项重点是扎实有序做好乡村发展、乡村建设、乡村治理重点工作。

(二)区位条件

1.区位情况

卸甲坪旅游区位于荆州市松滋市卸甲坪土家族乡西南边陲,跨两省三市(湖南常德、湖北荆州、湖北宜昌),是鄂南湘北承上启下的重要节点。无论是湖北游张家界、湘西片区,还是湖南游宜昌、神农架片区,卸甲坪都是必经之地,可以起到旅游中转的作用。卸甲坪旅游区距离镇区20公里、松滋市50公里、荆州市100公里。

2. 交通情况

距岳宜高速松滋南出口40公里、呼北高速五峰出口30公里,内部道路主要为021县道、村组公路,路网较为完善,布局合理,021县道通到各村组,交通较为便利。

3. 周边旅游态势

(1) 松滋市缺少区域知名品牌,现有A级景区较少,仅洈水旅游风景区一家国家4A级景区,以及卸甲坪土家族乡、稻谷溪城市湿地公园、九号宇宙航天科技馆3A级景区三家,缺乏龙头带领。

(2) 整体成熟旅游景点较少,松滋市阿喀琉斯基猴化石文化、贺炳炎将军故居、白云边工业园、说鼓子非遗文化等内涵丰富,但景点数量不及文化内涵。

(3) 从空间看,现有旅游产品集中于松滋市西部和中南部,东部和北部的乡村旅游尚未形成气候。从产品类型看,缺少红色旅游、研学旅游、康养旅游、购物旅游等热点旅游产品。

(三) 资源禀赋

1. 赋存分析

规划区内旅游资源包括7个主类15个亚类67种基本类型,基本类型满足创建国家4A级景区的要求。规划区内自然资源(地文景观、水域景观、生物景观)主要以山、水、峡谷、温泉等资源为主,乡村自然资源特征典型。人文资源(建筑与设施、历史遗址、旅游购品、人文活动)主要以地方土家文脉习俗、农特产品为主。

1) 历史资源

历史资源主要是卸甲传说

2) 自然资源

(1) "一镇"——黄林桥土家民俗小镇。

黄林桥、土家民俗广场、民俗风情街、民俗文化博物馆、乡遇民宿等土家文化、乡村资源丰富灿烂。

(2) "一村"——曲尺河温泉度假村。

曲尺河的温泉水中富含多种矿物质,曲尺河温泉度假村结合本地土家族特色文化和原生态自然资源,联合中医疗养和运动健身项目,成为提供温泉热疗、商务会议、星级客房、特色美食、休闲垂钓、农事体验、土家民俗表演等活动项目的综合性景区。

(3) "两峡"——鄂南大峡谷、马尾峡。

荆州"小三峡",碧水缓缓流淌,两岸山崖陡峭,奇秀壮观;谷底卵石遍布,溪流潺潺。

(4) "两园"——葛根产业园、卸甲庄园。

以葛根全产业链条为核心,配套餐饮农家乐,撬动农业种植、产业加工、健康养生、乡村休闲、综合服务配套等三产联动发展。

3) 人文资源

(1) 土家文化:卸甲坪土家族乡是荆州土家人聚集最多的地区,是湖北12个散居少数民族乡之一,全乡土家族人口占63%。

(2) 非遗文化：卸甲坪非物质文化遗产资源丰富，涉及人生礼俗、民族舞蹈、民间音乐、传说故事等十个项目。

(3) 康养文化：规划地植被覆盖率达95%以上，负氧离子每立方厘米达10000个以上；夏季气温低于外界3—5℃；是"南人参，北葛根"中的"湖北葛根之乡"；曲尺河温泉度假村是湘鄂两省第一温泉康养小镇。

2. 资源评价

1) 规模大景点多，环境容量较高

总用地达5000余亩，是江汉平原最大的土家文旅项目，景点众多，形成以土家民俗风情体验和温泉度假为核心的"2+X"产品体系，配套有黄林桥、葛根产业园、卸甲庄园、马尾峡、鄂南大峡谷等数十个不同主题的景点。

2) 文化特征明显，资源等级较高

五级资源1个、四级资源3个、三级资源6个，资源等级较高，项目创造性地将土家文化与乡村资源相融合，打造了以民俗文化博物馆、土家民俗风情街、曲尺河村等为代表的特色文旅项目，是体验和传承土家文化的理想场地。

3) 旅游资源独特，土家韵味浓厚

荆州土家人聚集最多的地区，有省级非物质文化遗产《双镲子》《土家摆手舞》《土家山歌》、国家一级保护动物——秋沙鸭、"湖北葛根之乡"等具有独特性的旅游资源。

（四）客源市场

1. 荆州市旅游市场

从荆州市旅游近五年（2017—2021）的数据来看，2017—2019年荆州市游客量和旅游收入呈现较快的增长速度，2020年稍显回落，2021年旅游业快速回春，荆州市旅游业市场仍有巨大潜力。

2. 松滋市旅游市场

2021年，松滋市共接待游客量673万人次，比上年增长95.1%；实现旅游综合收入51.2亿元，比上年增长82.2%。2020年松滋市旅游业首次出现下降情况，但因松滋市旅游发展已较为成熟，目前已恢复到之前的平均水平。

3. 专项市场——乡村旅游

根据《全国乡村产业发展规划（2020—2025年）》，到2025年，乡村休闲旅游业优化升级。农业多种功能和乡村多重价值得到深度发掘，年接待游客量超过40亿人次，2019—2025年的平均复合增速将达到3.8%。

4. 专项市场——温泉旅游

数据显示，2020年我国温泉企业数量下降至3550家，较2019年减少183家。散客时代来临，在温泉旅游的客源结构中，散客已经占到了50%以上。温泉旅游产品及服务的转型发展成为大势所趋。从年龄上来看，温泉旅游散客以年轻群体为主，23岁到45岁的中青年占比约为70%；从性别上来看，温泉旅游女性散客比例已经超过男性，而且女性的总体旅游消费水平和出游频率均高于男性。

二、规划内容

（一）规划总则

1. 规划范围

卸甲坪旅游区位于湖北省荆州市松滋市卸甲坪土家族乡,北至鄂南大峡谷松滋市边界,南至黄林桥村民俗街末端,东至卸甲坪观景台,西沿洈水、松滋市边界、马尾峡边界,曲尺河、洈水贯穿地块,总规划面积约5295亩。

2. 规划目标

通过制定、实施具有科学性、前瞻性和可实施性的规划,使规划区打造以土家文化为底蕴,以土家生活特色体验为引领,集自然观光、文化传播、民俗游乐、情景展示、休闲度假五大功能于一体的土家山乡旅游胜地,为打造国家4A级景区、国家级非物质文化遗产生产性保护示范传承基地、国家级乡村振兴示范区等奠定基础。

（二）战略定位

1. 总体定位

借势松滋市全域旅游及乡村振兴等战略方针,以土家文化为底蕴,以土家生活特色体验为引领,集自然观光、文化传播、民俗游乐、情景展示、休闲度假五大功能于一体,将卸甲坪景区打造成全国知名旅游目的地、具有国际品质的土家山乡旅游胜地。

2. 形象定位

1）形象口号

水润松滋·荆州屋脊。

山水卸甲,韵味土家。

2）宣传口号

乐享土家盛宴,畅游生态原乡。

魅力卸甲坪,土家趣旅行。

卸甲归田,山水蜿蜒。

卸甲好风光,土家乌托邦。

3. 市场定位

1）基础市场

松滋市、荆州市等地游客。

2）拓展市场

湖北省内其他地区、湖南省等地游客。

3）机会市场

川、渝、贵、豫、陕、皖、赣等地游客。

4）专项客群

文化观光市场、休闲度假市场、研学市场、亲子市场。

4.目标愿景

期望可以通过本规划,将卸甲坪旅游区建设为国家4A级景区、国家级非物质文化遗产生产性保护示范传承基地、全国中小学生研学旅行实践教育基地、国家级旅游度假区以及国家级乡村振兴示范区。

（三）总体布局

1.总平面图

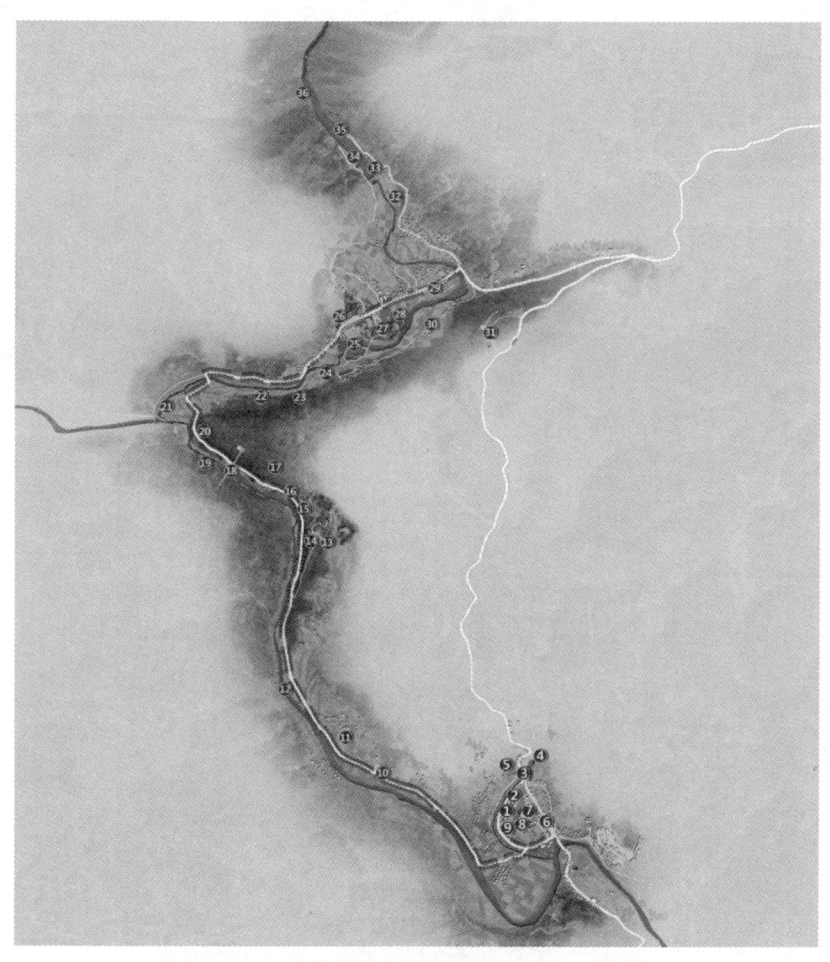

卸甲坪总平面图

1.游客中心;2.乡遇民宿;3.黄林古桥;4.牛车挡;5.土司城寨;6.土家美食街;7.土家民俗广场;8.民俗文化博物馆;9.乡遇工艺坊;10.葛根产业园;11.葛根种植基地;12.浣水;13.卸甲庄园;14.卸甲舞台;15.半山民宿;16.卸甲神秘森林;17.帐篷营地;18.马尾峡天空之桥;19.马尾峡;20.马尾峡观光缆车;21.将军岩漂流;22.曲尺河艺术山谷;23.曲尺河音乐厅;24.蝶恋花谷;25.曲尺河;26.卸甲酷车一族;27.曲尺河温泉度假村;28.曲尺河水世界;29.曲尺河民俗风情街;30.南坡田园综合体;31.卸甲景观台;32.飞行营地;33.曲尺秘境;34.曲尺飞仙;35.曲尺峡栈道;36.鄂南大峡谷。

2. 功能分区

功能分区:"一廊三区"。

"一廊":曲尺—洈水十里画廊。

"三区":土家原乡、曲尺柔情、奇趣马尾。

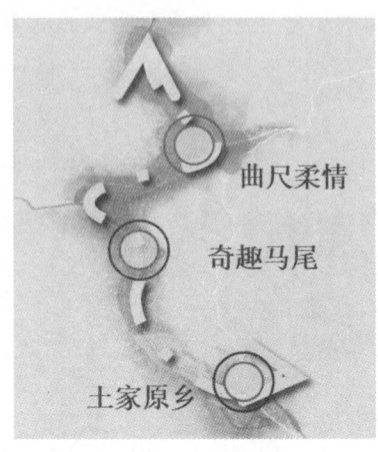

卸甲坪功能分区

(四)景观规划

1. 景观结构

景观结构:"一带一路十景"。

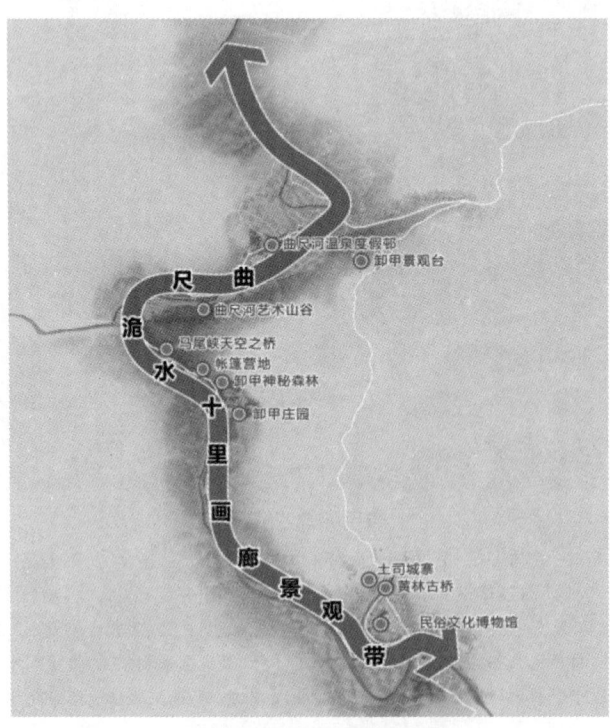

卸甲坪景区景观结构

"一带":曲尺-涴水十里画廊景观带。
"一路":曲黄旅游公路。
"十景":黄林古桥、民俗文化博物馆、土司城寨、曲尺河温泉度假村、卸甲庄园、曲尺河艺术山谷、帐篷营地、卸甲神秘森林、卸甲观景台、马尾峡天空之桥。

2. 建筑风貌

本规划区结合项目设置、现状情况、文化内涵等进行统一规划与控制,主要以土家特色民居和传统荆楚村居两种建筑风格进行控制。

规划区内的新修建筑充分融合了土家特色民居牌坊、吊脚楼、石头房、丹池四合院等建筑的形式,依山就势建造,展示了区域独特的土家文化主题。

3. 绿地系统

卸甲坪旅游区以油菜花、中草药花卉和山野百花作为绿化植物首选,辅助配以各类果树和其他观赏性植被。部分节点片区形成小而精的"野花海",其他区域则以线状花景营造野花意境。

(五)营销策略

1. 主要产品

卸甲坪旅游区主要产品

产品类型	开发内容
游乐产品	马尾峡天空之桥、将军岩漂流、卸甲酷车一族、曲尺河水世界等
休闲产品	曲尺河温泉度假村、卸甲观景台、卸甲庄园、黄林古桥、曲尺河艺术山谷等
度假产品	乡遇民宿、半山民宿、曲尺河温泉度假村等
体验产品	土家风情体验、土家婚嫁、女儿会、摔碗酒等
研学产品	乡遇工艺坊手工艺研学、土家风俗研学、农耕研学等
产业产品	葛根、葛根茶、葛根汁等

本规划充分利用卸甲坪旅游区内的自然资源和土家文化,适当融入艺术元素,策划相关富有价值的产品,以满足游客需求,增加旅游区的收益。卸甲坪旅游区内旅游产品的科学合理开发不仅能增加特色、增加效益,还可以提升规划区环境质量。

2. 营销策略——4个"一"工程

1) 一个高度凝练的品牌形象

树立卸甲坪品牌,将旅游区内所有产品、服务统一归入品牌之下,通过严格的质量把关,赢得市场的认可。

2) 一个极具传播力的卸甲坪旅游区营销体系

研判形势,不断创新旅游营销模式,努力构建立体化、全方位的旅游营销体系。

3) 一个可持续的整合营销策略

战略性地审视整合营销体系、项目、产品及客户,从而制定出符合企业实际情况的整合

营销策略。

4）一个全年节庆活动不间断的策划体系

让节庆活动填满卸甲坪旅游区四季旅游的空白,打造全域旅游、四季旅游体系。

3.品牌形象定位

品牌形象定位:卸甲山水·韵味土家——土家山乡旅游胜地。

4.整合营销

本规划根据卸甲坪旅游区的特点优选流量平台,进行有针对性的内容打造,并精准推送,联动线下体验主要是提振品牌声量、带动旅游消费。覆盖的平台包括以下几个:

（1）OTA（在线旅游）:携程旅行、途牛旅游、同程旅行。

（2）UGC（用户原创社群）:穷游网、马蜂窝、去哪儿。

（3）图文:微信、微博、今日头条。

（4）短视频:抖音、美拍、秒拍、火山小视频。

5.节庆活动

项目依托土家文化和温泉旅游等资源,举办卸甲坪舞会、卸甲坪婚礼、温泉养生节等活动,将不同的节事活动与卸甲坪的特色相结合,打造生动的卸甲坪土家文化品牌形象,进一步提升全域旅游、四季旅游人气。

三、建设成效

（一）产业兴旺

卸甲坪土家族乡以创建"国家全域旅游示范区"为契机,以脱贫攻坚特色旅游发展三年规划为蓝本,大力发展文旅融合、农旅融合、康旅融合、电旅融合,深入推进"旅游+"产业融合发展。通过充分挖掘自然山水、天然温泉、民俗文化、红色教育等文旅资源,走出了一条文旅发展的新路子,"深山明珠"熠熠生辉。

近年来,卸甲坪土家族乡大力发展旅游业,完成了黄林桥集镇节点亮化、甲板岩游客驿站重建等项目,成功举办湖北省第四届"全国文明乡,魅力卸甲坪"摄影大赛暨松滋市第五届民俗文化旅游嘉年华。民俗文化博物馆入选湖北省2022年第一批少先队校外实践教育营地（基地）,覃睦庄社区于2019年被国家民委命名为第三批"中国少数民族特色村寨"。卸甲坪国家4A级景区顺利通过景观质量评审,全域旅游初具雏形。

目前,卸甲坪正以创建省级全域旅游示范区为抓手,推动旅游要素集聚、旅游商品研发、旅游业态培育,不断加快文化旅游产业与乡村振兴、农业农村深度融合;同时全力支持文旅事业高质量发展,丰富旅游业态,挖掘土家族特色文化,进一步创新服务、盘活资源,做好资源的开发与保护,持续推进乡村旅游全产业链发展。

（二）生态宜居

以建设美丽乡村、实现旅游致富为目标,松滋卸甲坪土家族乡积极实施"四新"行动,推动风俗变风景、小乡变靓镇,土家乡村展新貌、出新彩。卸甲坪、覃睦庄、黄林桥等被评为省级"美丽乡村示范村",曲尺河村在"中国美丽休闲乡村"评比中榜上有名。

2022年以来,松滋卸甲坪土家族乡曲尺河村紧紧围绕温泉旅游产业,突出"以人为本、环境优先"的主题,大力弘扬淳朴民风和土家民俗,营造了良好的人居环境和生态环境,形成了经济、社会、环境协调发展的良好局面。曲尺河村先后被授予"中国少数民族特色村寨""国家森林乡村""湖北省美丽乡村示范村"等荣誉称号。卸甲坪成功通过国家4A级景区景观质量评审,被列入国家4A级景区名单。

(三) 乡风文明

作为红色旅游资源丰富的地区,卸甲坪的红色旅游资源开发为当地推动乡风文明建设、提升村民整体素质提供了良好的平台。通过重建江南纵队司令部遗址和曲尺河红色阵地,卸甲坪形成了一条红色教育路线,全域建成党性教育基地,组织党员开展党性教育,提升党员素质。

民俗文化旅游资源的开发也为当地优良民风民俗传承提供了基础。卸甲坪地区认真落实关于发扬土家民俗文化的政策文件,广泛募集"双擦子""摆手舞""土家山歌"等民俗文化文艺传承人,提供训练场所及经费,传承和发扬民俗文化。旅游开发使主题公园、文化广场、村史馆、博物馆等成了乡村群众休闲娱乐的主阵地,居民对土家文化的认同感和归属感显著增强。

(四) 治理有效

松滋卸甲坪土家族乡坚持党建引领,近年来先后获评全国文明村镇、国家卫生乡镇,松滋市卸甲坪旅游区被评为国家3A级景区,曲尺河村上榜"中国美丽休闲乡村",卸甲坪、覃睦庄、黄林桥等村居被评为省级"美丽乡村示范村"。

在乡村旅游规划的过程中,卸甲坪土家族乡坚持"四议工作法",即群众提议"点单子",湾组商议"出点子","两委"审议"定调子",代表决议"搭台子"。同围一张桌、同坐一条凳、同商一件事,"湾组夜话"集体商议,形成"大事有人管、好事有人做、公益有人干"的和谐局面。通过"四议工作法",卸甲坪土家族乡共收集各方意见和建议60条,经决定采纳了其中的12条,并形成了项目化清单,为村级建设发展提供了明确方向。曲尺河村还敲定了南坡片区作为全乡共同打造试点区域,提升片区人居整体环境,规划将南坡采摘园作为片区辐射产业,打造集观赏、采摘、游玩于一体的生态温泉"后花园"。

(五) 生活富裕

屋舍错落有致,院落修葺一新,生态种养产业发展兴旺、特色民宿次第开花、乡村旅游加速发展……青山绿水间,一幅农业强、农村美、农民富的新时代乡村振兴美丽图景徐徐展开。

2022年,卸甲坪土家族乡争取相关项目资金1390万元,创建"红土沃金甲"党建品牌,完成了黄林桥集镇节点亮化、曲尺河旅游景区污水管网建设等项目。抽水蓄能配套道路全面开工建设,"卸甲坪葛根"品牌价值3.73亿元,"梦里山乡"卸甲坪发展动能更加强劲,实现了

"一年一个样"的精彩蝶变。

卸甲坪土家族乡温泉富含多种矿物质,水温高、水质好。卸甲坪土家族乡党委政府利用天然的温泉资源引资4亿元,建成了曲尺河温泉度假村。温泉度假村自营业以来,已接待来自武汉、宜昌、荆州等地游客36万人次,吸纳乡内务工人员191人,间接催生了50多家民宿、农家乐,新增贫困对象就业13人,户年平均创收2.5万元以上,为贫困户提供了稳定的就业岗位。除温泉,卸甲坪土家族乡还有黄林古桥、民俗风情园等旅游景点,而在民俗风情园中坐落着一座人工湖,该湖从黄林桥瀑布引水入城,通过生态水渠贯穿集镇内各区域。

案例 4

爱漫文旅小镇
——分享爱,聚浪漫

  规划区位于湖北省孝感市应城市城北街道红堂村,东起028乡道,南至八汤线,西以015乡道为界,北靠黄毛湾水库大坝。该项目的总体理念是通过智慧农业、共享家园使农业和地产、文旅等强势产业直接对接,产生高附加值,让基本农田不再是项目的累赘,农田作为家园的一部分出租给业主,使农田产生经济价值,打造"共享家园"。该项目以"爱漫小镇"为核心定位,以"分享爱,聚浪漫"为主题形象,意在打造华中主题园区嘉年华、国家现代农业示范园、可持续发展农旅融合示范区,形成了由四大板块构成的空间布局,这四大板块分别为:爱漫温泉度假区、多彩游乐体验区、共享农场乐活区及小镇社区生活区。该项目的亮点是实现了生态田园景观导入、田园生活方式植入、共享家园路径融入、节事活动营销拉动,通过共享农业,构建生态农业发展新路径;通过共享家园,构建都市群体生活新路径。

一、项目背景

(一)政策背景

(1)《中共中央 国务院关于建立健全城乡融合发展体制机制和政策体系的意见》——城乡融合、全面互补。

(2)《湖北省应城市城乡总体规划(2013—2030年)》——打造西部旅游综合开发区,未来形成强大的旅游集聚效应。

(二)交通区位——武汉近郊,"1+8"城市圈外环串联3700万人

  武汉"1+8"城市圈环城高速,俗称"武汉六环",全长560公里,于2021年全线贯通。其中,西段S43孝洪高速已于2018年底通车,从本项目爱漫华美达度假酒店汤八线附近直连孝洪高速的匝道已经规划。

  目前,本项目所在地距应城市5公里,距孝感市60公里,距武汉市区70公里。未来将实现1小时贯通武汉(40分钟到天河机场,1小时到武汉高铁站),2小时贯通城市圈,3小时通贯通全省(鄂西部分山区除外),交通区位优势显著。

(三)资源禀赋

1. 资源分布

应城市的主要景点有汤池温泉、鄂中革命烈士纪念馆、楚珍园、国家矿山公园·爱漫文旅

小镇、人民公园、文峰塔、寿宁禅寺等,包括主题公园、红色旅游、历史古迹、宗教旅游、温泉度假、风景游览六大类别,种类较为丰富;旅游景点主要分布于城市主干道八汤线沿线,资源分布较为集中。

本项目背靠国家矿山公园,是国家矿山公园的一部分。

2. 资源评价

山水林田矿,有景有希望。

(1) 家里有山——五指山丘抓大地,西起东进成梯级。

(2) 家里有水——溪沟成网塘如星,南北灵动水成景。

(3) 家里有林——千亩林盘绿成荫,四季更迭闻鸟音。

(4) 家里有田——沃田千顷牛耕地,农耕传承有文明。

(5) 家里有矿——石膏岩盐可探秘,矿山公园做唯一。

(四) 客源市场

立足武汉,精准定位"1+3"专项市场,辐射全国。

1. 市场客群划分

1) 核心客群市场

核心客群市场包括周边外溢人群、武汉旅居度假人群等。

核心客群市场的市场规模为武汉1089.29万人。

2) 基础客群市场

基础客群市场包括武汉"1+8"城市圈人群及湖北市场甚至华中市场。

基础客群市场的市场规模为3215.43万人。

3) 拓展客群市场

拓展客群市场,伴随武西高铁的建设,后期可拓展至全国各大小城市。

2. 专项市场划分

"1+3"专项市场,即1大本地市场+3大专项旅游市场。

爱漫文旅小镇市场分析

市场定位	主要群体	市场偏好
住民家客群市场	本地改善置业客群	居住升级、本地改善
创业家客群市场	农村创新创业客群	政策支持、创业环境、社交圈层
生活家客群市场	离退休康养客群	养生养老、康养旅居
度假家客群市场	亲子研学度假客群	亲子互动、研学教育

二、规划内容

(一) 规划总则

1. 规划范围

本项目位于湖北省孝感市应城市城北街道红堂村,东起028乡道,南至八汤线,西以015

乡道为界,北靠黄毛水库大坝,总规划面积约7.2平方千米。

2. 发展战略

通过智慧农业、共享家园,使农业和地产、文旅等强势产业直接对接,产生高附加值。基本农田不再是项目累赘,农田出租给业主,作为家园的一部分,使基本农田产生经济价值,宅基地因为有"园"的概念,这才是"共享家园"。

3. 规划思路

1) 生态田园景观导入

以共享家园发展为依托,以极具乡土气息的丘陵农业景观为发力点,充分发挥其观赏、科普、休闲等功能,开发生态农业观光、田园休闲等旅游产品,引爆旅游市场。

2) 田园生活方式植入

立足矿山公园原生态农业景观、原汁原味的乡村风貌等,尊重乡土,就地取材。开展特色资源普查,充分挖掘产业、山水、田园、民居等潜在优质资源,制定相应发展策略,打造地方特色,体现有别于城市建筑的生态肌理,这才是乡村文旅的竞争力。以田园生活方式为乡村旅游的特色和卖点,吸引游客到矿山公园体验陶渊明式的惬意生活。

3) 共享家园路径融入

通过共享农场规划建设,实现传统农业和文化业、地产业等强势产业对接,实现农业的产品附加值就地增值,实现真实的旅游脱贫。城市群体现在多数都有房产,但是这些房产并没有"家园"的感觉,因为出门就是高楼、道路,没有自己的私密生态空间,国人都有田园情怀,都希望有个自己的院落、有个私人空间,矿山公园可以通过共享农场规划建设武汉人的"梦里家园"。

4) 节事活动营销拉动

结合矿山公园传统民俗文化、旅游产品策划等,举办多彩游乐体验活动、田园众筹活动、共享农场众筹活动、"一米园主"评选活动等一系列各具特色的节庆活动,引爆矿山公园旅游市场,拉动矿山公园旅游发展,提升矿山公园的影响力,促进农产品销售,带动农民增收。

4. 发展愿景

一个发展愿景,两个创新路径。

1) 发展愿景

以生态经济为前提,创建城乡融合发展新模式。

2) 创新路径

其一,通过共享农业,构建生态农业发展新路径;其二,通过共享家园,构建都市群体生活新路径。

(二)定位体系

1. 形象定位

形象定位:分享爱,聚浪漫。

在这个城市过度开发、人情相对淡薄的年代,我们希望用心中的善念去热爱自然,热爱

土地,热爱身边的一切。只有这样,我们才会让孩子拥有美好的童年,让年轻人拥有诗与远方,让老人活得朝气蓬勃;只有这样,我们才能在快节奏的当下,寻回生活的浪漫。

这是我们倡导"分享爱,聚浪漫"的初衷,也是爱漫文旅小镇的缘起。

2. 目标愿景

期望可以通过本规划,将爱漫文旅小镇建设为国家5A级景区、国家现代农业示范区、可持续发展农旅融合示范区,成为华中(甚至中国)城乡融合发展示范区。

（三）总体布局

1. 核心启动区

规划包括四大板块,爱漫温泉度假区、多彩游乐体验区、共享农场乐活区及小镇社区生活区。

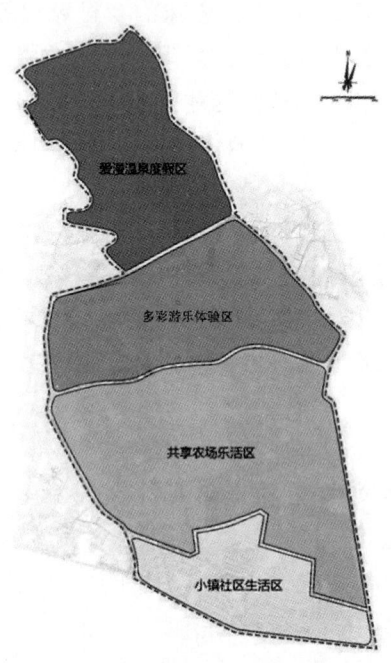

爱漫小镇核心启动区布局图

1) 爱漫温泉度假区

(1) 面积:3362亩。

(2) 功能:依托凤尾湖、田园、温泉等生态资源,发展温泉度假产品。

(3) 核心项目:有四季温泉馆、凤尾湖温泉度假村和爱漫马场多彩游乐体验区。

2) 多彩游乐体验区

(1) 面积:3225亩。

(2) 功能:依托田园村落、民俗文化发展文化展示、亲子游乐、农业休闲、民宿度假等项目产品。

(3) 核心项目:无动力乐园、沸农小世界、萌宠动物园等。

3）共享农场乐活区

（1）面积：5692亩。

（2）功能：依托自然田园、宅基地等资源，运用智慧共享理念，发展定制农业、智慧农业、田园度假项目产品。

（3）核心项目：共享家园。

4）小镇社区生活区

（1）面积：2067亩。

（2）功能：补充规划区城镇功能，完善教育、医疗、购物、体育等配套设施。

（3）核心项目：爱漫华美达酒店、爱漫社区及规划新城配套。

2. 总平面图

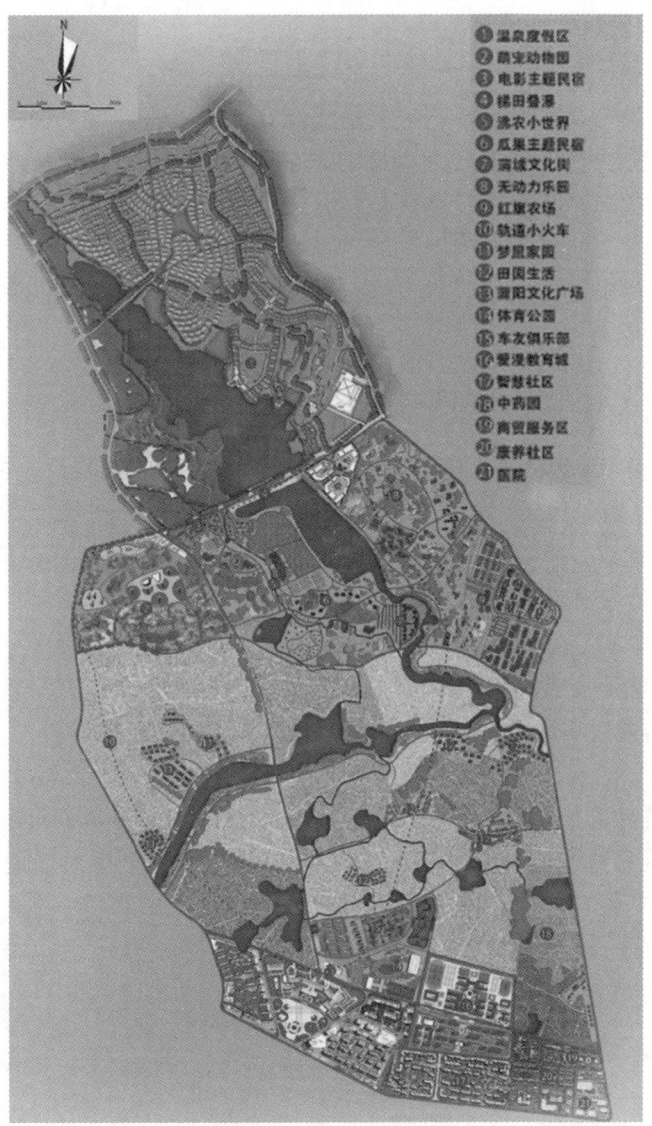

爱漫文旅小镇总平面图

(四)核心产品——"共享家园"体系

1. 体系定位

国家级共享农业发展示范区,生态农业高地和旅游目的地。

2. 规划思路

共享家园不是一个项目,而是一个由项目群体引领的产业体系,它是由初级共享家园、高级共享家园旅游综合体项目体系,以及周边大农业产业配套共同构成,产业体系共同享有"共享家园"品牌。

共享家园体系由地方政府和开发商共同主导,是以"企业+农户群体"形式运营的产业化体系,通过制定标准,以及严格的准入、淘汰机制,保障体系高效、高质量运营,使其成为著名的文化旅游品牌、有机农业品牌。

3. 两级体系

初级共享家园位于共享农场乐活区就是武汉城市群体购买、租赁的家园(可能是一处宅基地、一处菜园),不对外营业,只满足业主自己的生活需要,业主闲暇时自己耕作自己的田园,享受田园生活,或者约几个朋友小聚。初级共享家园也可以申请对外营业,成为"网红共享家园"。

高级共享家园位于红旗农场、民宿村落等体验区,是主题农场,由中萃集团投资运营,农场对外运营。

4. 产业体系

1)基底产业:有机田园

打造以精品农业、智慧农业为核心的农业研发、种养、营销和体验的农字号产业链。

2)亮点产业:匠造新田园

三大平台打造武汉乡村古法匠造特色产业集群,其具体内容包括以下几个方面:

(1)传承齐备的农耕渔具手工技艺,并以此为基础,通过平台联合旅游投资公司等相关资源开发运营企业,打造乡村匠造产业智库。

(2)利用现状产业肌理,打造充满乡野田趣的匠造体验平台。

(3)党建引领,通过田园共享机制,建立古法匠造市场供需渠道。

3)支柱产业

(1)亲子田园:打造行业领先、场景可换、四季可游的创新型亲子田园集群。

(2)康养田园:打造资源共享、客源共享、身心俱养,服务全生命周期的创新型康养田园产业集群。

(3)双创新田园:政企合力,平台运作,激活乡村资源禀赋,使乡村成为创业兴业的沃土。

(五)其他项目策划

1. 无动力乐园

无动力乐园中主要配置无动力类小型游乐设施。无动力类小型游乐设施是指不带电动、液动或气动等任何动力装置的,由攀爬、滑行、钻筒、走梯、荡秋千等功能部件、结构、扣件等组成的,主要适用于3—14周岁儿童娱乐的游乐设施。

(1)项目定位:全国青少年成长教育基地、国内最大无动力乐园。

(2)主要客群:武汉城市圈青少年、家庭亲子客群。

(3)配套设施:配套少儿广场、停车场、售票中心、餐饮中心、纪念品店等服务设施,满足亲子客群游乐研学的需求。

2.沸农小世界

沸农小世界是国内首座以自然生态学为核心,永续农业发展为指引,通过水、土、种子展开,强调生态平衡意义构建生产、寓教于乐的美学生活系统,实现可持续生态美学生活的新型生态乐园。

(1)项目定位:可持续生态美学体验园。

(2)四大板块:"鸟巢"综合服务中心、有机生态体系感知园、有机研学欢乐园、美学农艺生活园。

(3)主要客群:武汉城市圈青少年客群、亲子客群。

(4)配套设施:配套停车场、售票中心、餐饮中心、纪念品店等服务设施,满足亲子客群游乐、研学的需求。

3.萌宠动物园

(1)项目定位:亲子牧场休闲目的地、爱心培养地、交流地、正能量输出地。

(2)主要客群:武汉城市圈亲子客群、武汉城市圈白领客群、动物爱好者客群。

(3)配套设施:配套停车场、餐饮中心、纪念品店等服务设施,满足客群的日常需求。

(六)营销策划

1.推广语

1)针对地产市场

爱漫共享小镇,告别有家无园的日子。

有家有园 爱漫家园。

有家有园 共享家园。

2)针对旅游市场

多彩游乐体验 共享浪漫家园。

共享爱 聚浪漫。

2.节事活动

1)花样生活嘉年华

(1)活动主题:花样生活。

(2)活动内容:活动期间举办多种主题游客活动。游客凭门票到游客中心领取奖品,三张门票可以换取特色农家客栈住宿券一张。同时,游客可以参加晚上在篝火广场举办的花花小公主、花花小公子评选活动等。花式马车巡游,将成为爱漫小镇的标志性活动。

(3)活动目的:爱漫小镇就是花样生活地。

2）"共享家园"微电影、短视频征集赛

(1) 活动主题：共享家园。

(2) 活动内容：爱漫共享家园向社会征集以"共享家园"为背景，以"多彩体验"为主题的微电影、短视频。获奖作品的制作者将赢得在共享家园免费度假一周的奖品。

(3) 活动目的：共享家园将因为"最家园"微电影而成为家庭旅游热门目的地。

3）共享农场众筹活动

(1) 活动主题：做个农场主。

(2) 活动内容：田园生活是城市群体向往的生活，"到自己的田园去休闲"，爱漫共享农场的推出使这一梦想成为现实。众筹这种形式为"80后"所推崇，它也是适合休闲农业发展的一种形式，可以在此基础上进行创意农业的再生产。

(3) 活动目的：众筹是媒体关注的焦点，共享农场众筹，可以使爱漫共享农场成为焦点。

4）"一米园主"评选活动

(1) 活动主题：我是园主。

(2) 赛事形式：

① 面向全市征集一平方米菜园的小园主，通过种菜、浇水、修剪等技术环节考核，优胜者将获得成为"一米园主"的资格。

② 年底再进行小菜园丰收成果评比活动，推选出最佳园主。

③ 依托这个活动拉动儿童消费市场，使园区成为武汉家庭最关注的有机菜园。

三、建设成效

（一）产业兴旺

爱漫文旅小镇依托前期投入达15亿元的国家矿山公园平台，整合项目核心资源，积极构建武汉城市圈的温泉养生中心、农旅养城乡融合发展示范中心和应城西部生态旅游服务中心，建设"公园、田园、乐园、校园、家园"产业综合体，有效整合农村生态、农业生产、农民生活等"三生"资源，深入拓展农业的生产、教育、科普、休闲等功能，深度融合农村一二三产业，延长农业产业链，促进农业与旅游、文化、康养等一体化发展。

目前爱漫文旅小镇已被授予"第二批国家矿山公园""全国优选旅游项目500强"称号，成功跻身国家4A级景区，正朝着创建国家5A级景区的方向迈进。

（二）生态宜居

爱漫小镇农业文旅项目既可保护绿水青山、田园风光、乡村风貌和乡土味道，又能改善当地基础设施条件，推行绿色发展方式和生活方式，让生态更美、环境更优、乡村更宜居。

应城国家矿山公园·爱漫文旅小镇依托应城市丰富的膏盐矿产和温泉资源，将山水与城乡融为一体，推动资源型城市转型发展，打造生态文化旅游新名片，呈现出一幅绿色发展、人与自然和谐共生的美丽画卷。爱漫马场热闹非凡，生机盎然。

2022年以来,应城市充分发挥旅游公路"一线串珠"作用,拓展以八汤线为主的全域旅游专线,形成了集依山傍水、观景赏花、红色教育、田园采摘于一体的"绿水青山温泉养生游"线路。八汤线串联起爱漫文旅小镇、石膏博物馆、楚珍园、龙池山庄、汤池温泉、有名店乡间绿道等农文旅资源,带动沿线10余家星级农家乐发展。

(三)乡风文明

爱漫小镇是应城旅游文化的重要传播阵地。爱漫小镇的开发有效唤醒并挖掘了沉睡的历史文化资源,赋予其新的社会价值和经济价值,推动了应城旅游产业的振兴与繁荣。

在推广爱漫小镇的过程中,应城市作家协会的作家们悉心挖掘爱漫文旅小镇的旅游文化、悉心创作了一批文学作品,为夯实全市精品旅游文化营造了良好的舆论氛围。自爱漫文旅小镇创建以来,在爱漫广场成功举办了烟花节、丰收糯稻节、旅游日节庆等活动。这些活动的开展推动了当地蒲骚文化、膏盐文化、灵泉文化、非遗文化及特色文化的融合发展,保护、发展了当地的传统文化。

爱漫小镇还将"爱漫教育城"纳入建设计划。这标志着爱漫文旅小镇加快建设步伐,助力应城教育事业振兴,打造西部生态文旅智慧新城迈入新航程。"爱漫教育城"项目是爱漫文旅小镇建设的重中之重,它是集全学龄基础教育、中高等教育、教育商城为一体的学城联动,共育未来的教育集聚区。项目建成后将为莘莘学子提供优质教育环境及全素质体验,打造公办民助教育标杆,为助力应城市教育事业发展提供新平台。

(四)治理有效

金秋九月,孝感农民朋友欢聚应城市国家矿山公园·爱漫文旅小镇,共庆孝感(应城)2022年中国农民丰收节、农村电商节,喜迎党的二十大盛会。

近年来,应城市坚决贯彻落实习近平总书记关于"三农"工作的重要论述,以省委"强县工程"为抓手,以孝感市委乡村振兴"三项行动"为牵引,全面提升农业产业化水平。加快发展绿色糯稻、数字农业等实力产业,持续擦亮应城糯稻、中磐粮油、汤池甲鱼、黄滩酱油等特色品牌产品。加快完善农村电子政务服务体系,促进农村电商高质量发展。应城市先后获评全国农作物病虫害绿色防控整建制推进县、全国主要农作物生产全程机械化示范县、全国农村创业创新典型县、国家乡村振兴示范县等称号。

(五)生活富裕

爱漫文旅小镇是当地农民生活富裕的重要渠道。爱漫小镇农业文旅项目旨在将应城国家矿山公园打造成集旅游度假、温泉养生、生态居住为一体的著名生态景区,为当地带来源源不断的客流、资源流、信息流,农民在家门口就业创业,收入持续大幅增加。

2022年,爱漫文旅小镇举办中国农民丰收节、农村电商节,应城市将以举办这些活动为契机,按照"农业稳产保供、农民稳步增收、农村稳定安宁"的要求,与广大农民朋友同心同德、开拓创新,强化粮食安全保障,扎实推进乡村振兴,推动实现农村更富裕、生活更幸福、乡村更美丽,奋力开创新时代应城"三农"工作新局面,为孝感加快打造武汉都市圈重要节点城市贡献力量。

案例 5

潼泉湖休闲旅游区
——仙居山水地,养生潼泉湖

规划区位于湖北省荆门市京山市石龙镇张湾村潼泉寺林场,地处湖北省中部,承东启西,连接南北。该项目的总体理念是依托规划区山、湖、溪、林等自然资源及深厚的人文底蕴,以"生态康养"为主题,以"七养"为卖点,开发食养、培养、形养、动养、休养、颐养、静养人生"七养"项目和活动,最终将潼泉湖休闲旅游区打造成湖北省首个全生命周期的康养休闲旅游区。该项目以"仙居山水地,养生潼泉湖"为核心定位,构建了寻源——寻找生命健康养生之源、赏水——品味湖水溪水乐水之趣、穿林——领略深山幽谷清净之美、听声——听思自然生态养生之义的意境布局。该项目的亮点是开发食养、培养、形养、动养、休养、颐养、静养人生"七养"项目和活动,最终将潼泉湖休闲旅游区打造覆盖全生命周期的康养休闲旅游区。

一、项目背景

(一)政策背景

(1)乡村振兴战略大力实施,项目开发意义重大。
(2)乡村旅游蓬勃发展,发展前景较为广阔。
(3)康养旅游潜力巨大,市场规模不断增大。
(4)"三乡工程"着力推动,各项政策力度凸显。
(5)乡村民宿方兴未艾,民宿度假市场崛起。

(二)发展条件

1. 区位条件
地处湖北中部,承东启西,连接南北,具有天然的地理区位优势;公路铁路多线贯通,交通网络快速便捷。

2. 自然地理条件
1)气候条件
受地形因素影响,规划区内的空气质量优良,温度湿度适宜,是养生休闲度假的理想之地。

2)地形条件
总体上呈三面丘陵、中间盆地的地势特征。

3) 植被条件

规划区因处于之前的张湾村潼泉林场,林网密布,绿树成荫,植被茂盛,富含负氧离子。

4) 水文条件

规划区内水资源丰富,水系方面有潼泉湖水库、溪谷、水塘及大小山泉眼多处。

5) 植被资源

规划区植被繁茂、种类繁多,具体可分为观赏类植被、食用类植被,这些植物具有康养功效。

6) 现状认知

规划区位于京山市石龙镇张湾村,主要规划范围为张湾村潼泉寺林场区域,总面积为5268亩。规划区林网密布,交通便利,天然林保存较好。

3. 人文历史条件

1) 名人文化

传说为董永与七仙女的后代董仲避乱隐居之地。

2) 寺庙文化

历史悠久的古寺法兴禅院坐落之地。

(三) 资源赋存

1. 赋存分析

统计结果显示,规划区资源涉及8个主类16个亚类40种基本类型。

2. 定性评价

(1) 山水空灵景观优美,自然人文资源兼备。

(2) 气候舒适生态良好,适宜开展休闲度假。

(3) 空间组合多元丰富,康养度假条件较佳。

(四) 竞合情况

规划区位于京山市石龙镇张湾村,旅游发展已有一定基础,经调查统计,本项目周边大小旅游景区景点,现将其与周边主要旅游景区进行对比,以确定其独特性与发展方向。规划区周边景区主打的产品方向为生态观光、文化体验,规划区充分利用自身的山林、水源、峡谷、遗迹、历史等综合资源构建核心吸引力,主打康养产品,能够与周边景区区别化发展。整体而言,规划区与周边景区合作大于竞争。

二、规划内容

(一) 市场分析与定位

1. 市场环境分析

1) 康养旅游现状

康养旅游需求持续增长,国内康养旅游还是一片蓝海。康养旅游客群全龄化,发展潜力巨大。随着我国经济社会的发展、人民生活水平的提高,国民对于保持健康和身体素质提升的需求不断增强,加上我国老龄化问题日益加剧,这些都为康养旅游提供了巨大的市场。

2) 湖北旅游市场情况

湖北旅游发展已经进入战略调整期。依据旅游市场距离的衰减规律,近距离周边市场即湖北省市场,省内市场占湖北省接待游客量的七成左右。休闲旅游已经成为湖北旅游量增长最快的旅游产品。

3) 京山市旅游市场情况

从游客规模来看,京山市旅游年接待量较大。近年来,京山市旅游接待量和旅游总收入持续上升,这与京山市大力开展全域旅游密切相关。本项目依托山、湖、溪等自然资源及文化资源,开发运动休闲、文化体验、康养度假等旅游项目,在京山全域旅游发展的大趋势下将会有较大的发展前景。

4) 周边主要旅游景区旅游发展概况

周边的绿林山风景区为国家4A级景区、大洪山国家重点风景名胜区的核心景区,游客主要以团体游和家庭游为主,近年来发展态势较好。湖北省太子山国家森林公园与湖北省太子山林业管理局两位一体,是湖北省林业厅唯一的直属林场,是一处森林旅游胜地。

2. 市场定位

1) 总体市场定位

(1) 基础客源市场:荆门市场、武汉市场。

(2) 目标客源市场:湖北省除荆门、武汉的省内市场。

(3) 机会客源市场:重庆、四川、湖南、陕西、河南等周边省市市场。

2) 专项市场定位

(1) 亲子旅游市场:以京山本地市场为主,京山周边市场为辅。

(2) 研学旅行市场:以学生教育市场为主,其他教育市场为辅。

(3) 乡村民宿市场:以荆门游客市场为主,荆门周边市场为辅。

(4) 康养度假市场:以健康养生市场为主,景区分流市场为辅。

3) 游客结构定位

(1) 需求类型:养生休闲度假、乡村休闲、农耕文化体验等。

(2) 客源组成:以亲子家庭、城市上班族为主。

(3) 出游方式:以自驾游为主,团队游为辅。

(4) 消费水平:近期200—300元,中远期400—600元。

(5) 停留时间:近期游客以1—2日游为主;中远期呈现2日游和3日游并重的态势。

(二) 发展思路与目标定位

1. 总体定位

依托规划区山、湖、溪、林等自然资源及深厚的人文底蕴,以"生态康养"为主题,以"七养"为卖点,开发食养、培养、形养、动养、休养、颐养、静养等人生"七养"项目和活动,最终将潼泉湖休闲旅游区打造成湖北省首个全生命周期康养休闲旅游区。

2. 发展思路

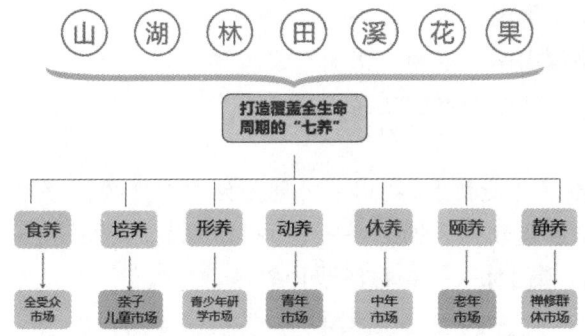

京山潼泉湖休闲旅游区发展思路图

3. 功能定位

本项目以"生态康养"为主题,主要包括生态观光、亲子游乐、研学科普、运动拓展、休闲娱乐、康养度假、文化体验、乡村振兴等方面。

4. 形象定位

仙居山水地,养生潼泉湖。

5. 宣传口号

养生山水,潼泉灵湖

灵秀山水,养生福地

6. 目标愿景

打造国家4A级景区、国家森林康养基地、湖北省研学旅行基地、荆门市乡村旅游与休闲农业示范点和京山市乡村振兴示范区。

(三)空间布局与项目策划

1. 意境布局

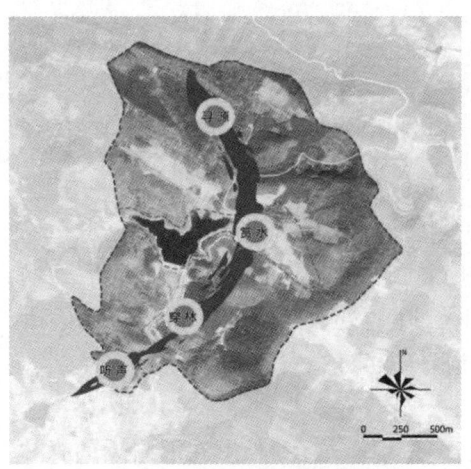

京山潼泉湖休闲旅游区意境布局图

(1)寻源——寻找生命健康养生之源。
(2)赏水——品味湖水溪水乐水之趣。
(3)穿林——领略深山幽谷清净之美。
(4)听声——听思自然生态养生之义。

2. 功能分区

结合资源分布及空间环境特点,规划区可划分为六大分区,分别为仙语——入口游客服务区、仙谷——深山幽谷运动区、仙山——高山揽翠观光区、仙湖——湖光山色休闲区、仙境——世外隐境度假区和仙林——森林漫步体验区。

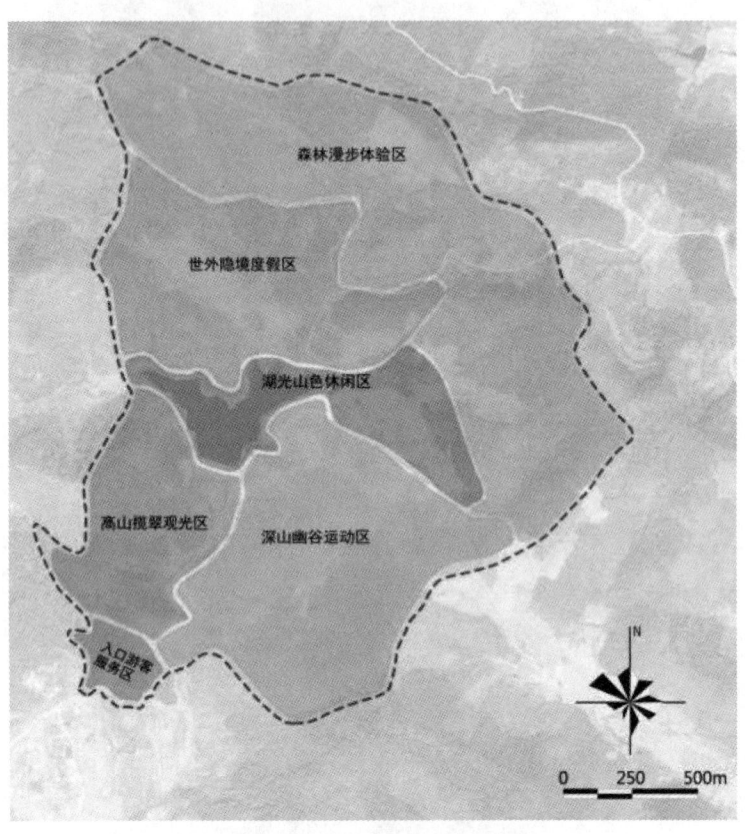

京山潼泉湖休闲旅游区功能分区概况

1)入口游客服务区

(1)选址:度假村门楼外围景观广场及生态停车场区域。

(2)功能:办公管理、旅游咨询、停车集散、休憩停留、餐饮购物等。

(3)策划思路:利用门楼外围空地区域以及周边可利用用地建设游客综合服务区,满足游客在规划区内的旅游咨询、停车集散、餐饮购物等基本需求。

2)深山幽谷运动区

(1)选址:从入口附近溪谷区域一直到杜鹃花海附近的森林。

(2)功能:运动拓展、山地休闲、生态观光等。

(3)策划思路:以现状幽深溪谷、山林花海等资源为基础,运用动静结合的方法,吸引不同年龄段的游客通过森林运动、生态休闲等活动,达到强健体魄的目的。

3)高山揽翠观光区

(1)选址:规划区西南侧林地。

(2)功能:山地休闲、生态观光、文化体验、采摘体验、运动拓展等。

(3)策划思路:利用规划区西南侧森林优势,利用杜鹃花海、潼泉遗迹文化等,打造相应的林间游乐项目,供游客登高望远、体验林间乐趣,达到强身健体的目的。

4)湖光山色休闲区

(1)选址:潼泉湖及现状生态餐厅背后的山谷区域。

(2)功能:住宿餐饮、亲子游乐、休闲度假、生态观光、亲水运动等。

(3)策划思路:充分利用现状潼泉湖及其湖边优越的自然生态环境和丰富的旅游资源,对现状基础设施进行完善,不断丰富游乐项目,为游客提供一处游乐休闲的区域。

5)世外隐境度假区

(1)选址:现状潼泉湖北侧缓坡森林及山间谷地区域。

(2)功能:生态养生、康养度假、农耕体验等。

(3)策划思路:规划区潼泉湖北侧区域,背山面水,地理位置优越,环境清幽,规划依托度假区内较好的森林生态环境及靠湖的地理优势,以民宿度假为主体兼打造其他配套设施,为游客提供一处隐境的养生度假场所。

6)森林漫步体验区

(1)选址:潼泉湖北侧及东侧森林。

(2)功能:山地休闲、生态观光等。

(3)策划思路:森林中空气清新、湿润,氧气充裕,富含对人体健康有益的负氧离子,非常适合现代人来漫步养生。规划依托潼泉湖北侧及东侧的原始生态环境,打造一处供人们漫步休闲、健体养生的区域。

(四)游线规划

1. 主题游线规划

潼泉湖休闲旅游区主题游线主要有生态观光旅游线路、休闲娱乐旅游线路、康养度假旅游线路。

2. 区级联动游线规划

区级联动游线规划包括京山市生态文化体验游、荆门全域旅游体验游。

(五)景观风貌与绿化规划

1. 景观规划原则

生态自然,以文化为魂,实现农游融合。

2. 景观规划定位

1)自然生态

规划区以空灵、秀美的自然山水环境为依托,规划区景观的打造必须以自然山水为基底,保持山水生态和自然野趣,同时注重在景观的打造中注入原生态的气息、营造自然的生态环境。

2) 乡土传统

规划区位于张湾村潼泉寺林场区域内,乡村意境浓厚。规划区景观的打造应保持京山乡土景观风貌特色,展现京山传统民风民俗。

3. 景观规划结构

景观规划结构主要为"一轴四片十二景"。

1) 一轴

主干道生态休闲观光轴。

2) 四片

(1) 寻声综合休闲片区。

(2) 穿林运动观光片区。

(3) 赏水休闲休憩片区。

(4) 寻源康养度假片区。

3) 十二景

入口门楼、仙溪灵瀑、星空营地、杜鹃花海、紫藤长廊、潼泉胜迹、浮光鹊桥、童趣溪谷、亲子乐园、七彩客栈、禅养仙居、森林部落。

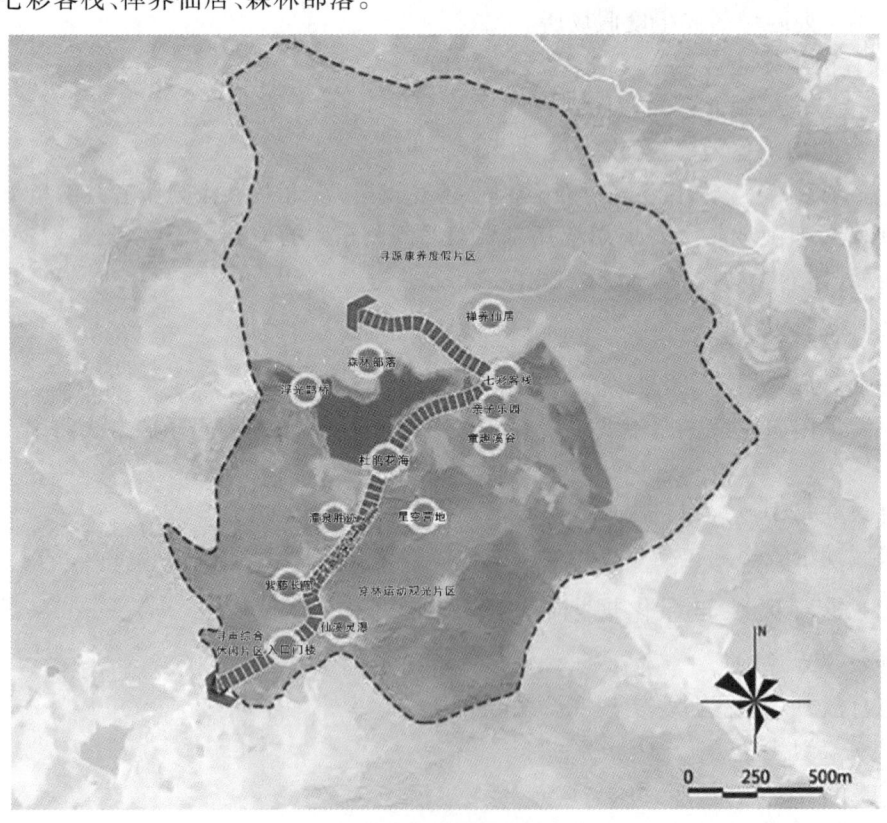

景观规划结构图

4. 建筑风貌控制

本规划区结合项目设置、现状情况等进行统一规划与控制,以传统乡土建筑风格为主。规划区内的乡村建筑在整体或者局部上,应充分保留传统乡村民居元素,营造风格浓郁、独特的乡村意境氛围。

(六)产业与振兴规划

1. 产业发展模式

产业发展模式包括特色种植模式、有机种养模式、立体养殖模式和休闲采摘模式。

2. 产业发展规划

1)产业发展现状

在潼泉寺林场目前的产业构成中,第一产业、第三产业都有分布,第一产业以林业、养殖业、种植业、渔业为主,第三产业以餐饮业、住宿业和旅游业为主。

2)区域产业规划

京山潼泉湖休闲旅游区区域产业规划表

类型	位置	特色产业
第一产业规划	入口附近山间区域	橡树
	潼泉湖北侧及东侧森林	葛根
	潼泉湖大坝下猕猴桃园、生态餐厅背后的山谷区域、潼泉湖北侧山顶的水果基地、潼泉湖水库北侧的山谷农田、潼泉湖北侧湖汊旁的竹林区域	猕猴桃、冬枣、桃树、三角槭、油桐、雷竹等
	潼泉湖右侧山头杜鹃林区域、潼泉湖左侧山头杜鹃林区域	杜鹃花、芝樱花等花卉
	潼泉湖水库及周边坑塘区域	泥鳅、鲟鱼等
	潼泉湖水库北侧山谷农田区域	水稻、蔬菜等
	野猪林、潼泉湖水库北侧山林区域	野猪、林下鸡、蜜蜂等
第二产业规划	滨湖木屋东北侧的山谷区域	橡子、葛根、蜂蜜等农副产品加工
第三产业规划	入口服务区及道路旁的服务设施区域	服务中心
	潼泉湖湖边右侧山林、食养餐厅后面东北侧空地、潼泉湖北侧最大半岛森林区域	住宿
	瀑布上方的天然平地位置、潼泉湖湖边餐厅位置	餐饮

3)分类产业规划

(1)养殖业规划:以充分利用现状空间和资源、丰富游客游览和体验内容为目标,以立体农业、循环经济为发展模式。

(2)蔬菜种植规划:蔬菜瓜果是核心区重要的种植采摘作物,目前核心区有小块面积用于蔬菜种植,规划对核心区适宜种植蔬菜瓜果的地区进行梳理,并因地制宜地种植相应蔬菜。

4）三产融合

（1）培育发展第一产业：特色种植＋农业体验。

（2）紧密结合第二产业：加工制造＋观光旅游。

（3）完善布局第三产业：乡村旅游＋服务配套。

3. 旅游产品规划

京山潼泉湖休闲旅游区旅游产品规划表

主打产品类型	相关项目
乡村观光产品	潼泉仙溪、仙溪灵瀑、杜鹃花海、共享果园、潼泉胜迹、夜光花海、浮光鹊桥、湖光栈道、森林浴场、家庭农场、潼泉工坊、中蜂养殖基地、云顶采摘园
运动休闲产品	野猪传说、丛林拓养基地、形养拓展基地、花海隧道、乐水潼泉、童趣溪谷、亲子乐园、竹趣乐园
文化体验产品	今古潼泉、杜鹃花海、潼泉胜迹、食养餐厅、潼泉会室、七彩客栈、禅养仙居、潼泉工坊、森林部落、智慧森林
康养度假产品	潼泉仙溪、仙溪灵瀑、丛林拓养基地、杜鹃花海、形养拓展基地、夜光花海、浮光鹊桥、湖光栈道、童趣溪谷、亲子乐园、食养餐厅、七彩客栈、森养营地、禅养仙居、颐养小筑、森林浴场、森林部落、家庭农场、潼泉工坊、星空营地、智慧森林、中蜂养殖基地、云顶采摘园
科普研学产品	今古潼泉、丛林拓养基地、形养拓展基地、家庭农场、中蜂养殖基地
生态采摘产品	共享果园、家庭农场、云顶采摘园

（七）市场营销规划

1. 市场营销目标

（1）推介旅游产品，扩大知名度。

（2）景区塑造形象，创旅游品牌。

2. 市场营销策略

本项目应整合旅游资源、整合旅游市场、整合旅游信息，对品牌进行包装，将广告、促销、宣传与公关、包装、口头传播、电子营销、CI形象导入、体验营销等方式结合起来，进行景区推广。

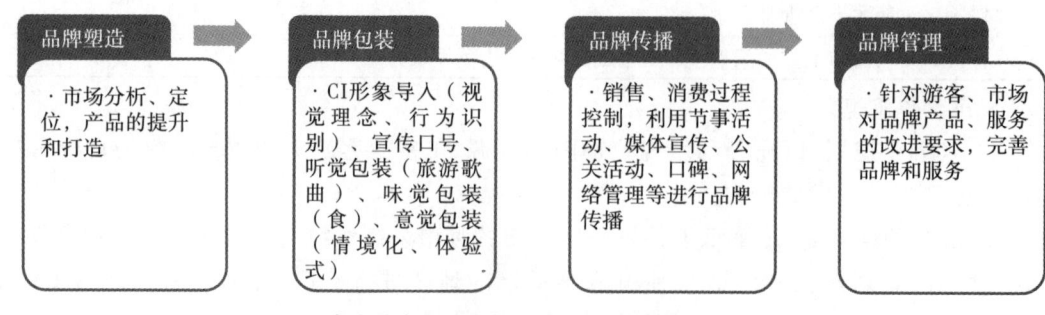

京山潼泉湖休闲旅游区市场营销策略图

3. 市场营销方式

1) 借势营销

借势营销即"借船出海,组合出击",主要是借"精品民宿"之势,借京山市"全域旅游"之势,与京山其他景区紧密合作,以差异化产品吸引游客。可设置潼泉湖休闲旅游区到其他景区之间的专线大巴(车身为潼泉湖车体广告),直接接送游客往返潼泉湖与其他景区之间。

2) 新媒体营销

新媒体营销指微信营销、直播营销等。

3) 传统媒体营销

传统媒体营销指利用平面媒体、电视媒体、户外媒体、广播电台进行营销。

4) 人员推介

人员推介指单独或联合组团派员到主要目标客源市场进行促销。

5) 节日营销

节日营销,如打造春季赏花节、夏季亲水节、秋季丰收节、冬季年货节、养生文化节。

6) 公共关系营销

公共关系营销包括旅游区宣传、行业交流、公益合作推销、汇报沟通等。

三、建设成效

(一) 产业兴旺

在规划方案的指导下,景区建设已初见成效。2020年,该景区荣获"京山网红十大打卡景点"。景区着力打造集农业综合开发、休闲观光旅游于一体的现代田园综合体。每年4月杜鹃花漫山怒放,吸引数万游客驻足流连。现开发有闯水阵、玩泡泡、赏瀑布,以及滑布漂流、彩虹滑道等诸多游乐项目。旅游项目的开发使能人回乡、产业回归、人才回流,推动乡村产业全链条升级,实现了"三产"融合,既培育、引导、发展了特色种植产业,又将种植业与农产品加工业紧密结合起来,大力发展农产品加工、花卉制品、饮料产业、生物医药(蜂王浆、蜂胶、蜜蜂美容养颜产品)、乡村手工制品、文创纪念品、竹艺品、手工玩具、精装腊货等,挖掘规划区内现有资源的延伸价值,除此之外,还改造提升了景区景点的环境氛围,推动了休闲农业的发展,开发了与乡村旅游相关的旅游休闲活动。

(二) 生态宜居

旅游开发使村民更重视生态环境的保护和美丽景观的打造。在潼泉湖休闲旅游度假村内,漫山遍野的杜鹃花盛开,一朵朵、一丛丛、一片片,错落有致,吸引许多游客慕名前来。这里的杜鹃花期从3月中旬到4月中旬,花开时节红的、粉红的杜鹃花成片,绵延百亩。潼泉湖休闲旅游度假村自建成运营以来,一直秉承"绿水青山就是金山银山"的绿色发展理念,加大对生态环境、原生态泉水瀑布,以及天然对节白蜡林、梓树等名贵树木的保护,中华麻鸭、白鹭等珍稀动物也时常在规划区内悠闲穿梭。山中有瀑,瀑边有花,泉水清冽,构成一幅绝美的原生态画卷。依托山、湖、林、田、溪、花、果等自然资源及深厚的人文底蕴,以"生态康养"为主题,以"七养"为卖点,开发食养、培养、形养、动养、休养、颐养、静养等人生"七养"项目和活动,打造了湖北省首个全生命周期康养休闲旅游区。

(三)乡风文明

项目以"生态康养"为主题,以"董永后人隐居"的传说为切入点,充分挖掘农耕文化、乡村文化、养生文化等传统文化,切实促进当地相关文化的传承与保护,充分发挥历史文化价值,促进村民对当地文化的传承与运用。旅游项目的建设也丰富了村民的日常生活,通过发展乡村旅游,许多村民积极加入打造和运营地方特色产品的队伍中,村民的整体素质得到提高。

(四)治理有效

在项目的开展建设中,生态治理得以实现,保护性开发促进了对规划区山林树木的保护,对区内绿化景观的整治提升,营造了生态自然的景观环境,还实现了人文治理。据村干部介绍,景区建设后,村民实现了增收,而且精神面貌得到了很大改变,整体素质得到了提升。自从村里有了这些产业,闲散的村民少了,村民间的矛盾也少了,村里的建设项目村民更加拥护了。

(五)生活富裕

旅游发展切实带动了周边餐饮、住宿、零售等行业的发展,实现了旅游产业的联动效应,广开致富门路增加了农民的收入,促进了乡村振兴发展。通过充分挖掘历史、文化和旅游资源,潼泉湖休闲旅游度假村打造了具有特色的美丽乡村景点,形成了集旅游观光、果蔬采摘、共享菜地、民宿餐饮等为一体的产业链,有效提高了农民的收入。

案例 6

大别山红色江山生态文化旅游区
——红色江山,好汉家乡

规划区位于湖北省黄冈市红安县七里坪镇,以倒水河为中心,包括方家荡村、高徐家村、古峰岭村等行政村村域。该项目的总体理念是充分借助"红安——中国第一将军县"的品牌优势,对接大别山旅游环线,以差异化、特色化、体验化的手法,融合教育研学、军事训练、生态观光、乡村振兴、生态修复等业态,将规划区打造成为红安县首席红色文化深度体验景区。该项目以"红色江山,好汉家乡"为核心定位,构建了"一心一带三片区"的空间布局,其中,"一心"为游客服务中心,"一带"为倒水河生态休闲带,"三片区"为红色研学教育片区、军事拓展体验片区、千里跃进营地片区。该项目的亮点是打造"七里湾九里滩,重温红军打江山"主题,以军事拓展、民兵训练、实弹射击为特色,以区别于周边单一的教育型景点。

一、项目背景

(一)政策背景

从全国视野来看,国家发布了《2016—2020年全国红色旅游发展规划纲要》等;从省市视野来看,发布了《湖北省人民政府关于促进全域旅游发展的实施意见》;从地方视野来看,地方发布了《红安县旅游发展总体规划(2015—2030)》等。国家、省市及地方政府高度重视红色文化旅游,红色文化旅游发展大势所趋,这为本项目的发展提供了有力保障。

(二)市场现状

1. 全国市场

从全国市场数据来看,近年我国红色旅游发展态势良好,具有较大发展潜力。随着我国旅游热度的提升,红色旅游越来越受到游客青睐。

2. 红安市场

近年来,红安县红色旅游量呈上升趋势,年平均增长率在21%以上,高于全国平均增长水平(17.38%)。2018年红安县红色旅游人均消费水平约为480元,高于全国红色旅游人均274元的消费水平。从红安县旅游市场的数据来看,整体上红色旅游态势良好,高于全国平均水平。

(三)问题剖析

1. 红色资源禀赋

红安县是"中国第一将军县",其中,七里坪的红色资源数量最多,红色底蕴丰厚。

2. 红色项目情况

区域内共有旅游资源单体354个,红色人文类旅游资源337处,占资源总数的95%,红色旅游资源众多,布局分散,以展示观光为主。红安县红色旅游项目基本以将军故居、文化园、展示馆等类型为主,将军文化未得到有效开发。

3. 主要症状

1)有资源 缺整合

红安县红色人文类旅游资源有337处,占资源总数的95%,类型丰富,布局分散,但尚未有成熟线路将其串联整合。

2)有产品 缺爆点

红安县红色景区占景区总数的一半以上,4个国家A级景区中有3个是红色景区,旅游产品较多,但缺乏核心爆点项目,已有一定知名度的节庆活动仅为天台寺禅乐文化节。

3)有观光 缺体验

红安县红色景区功能以观光、教育为主,研学项目较少,无体验型项目,游客停留时间较短,旅游收入较低。

4)客群结构单一

红安县客源市场以本地客源为主,包括企事业单位、政府与学校三大客源,整体客源较为单一,个体客源市场开发拓展力度不够。

(四)破题关键

红安县作为"中国第一将军县",其将军文化未能有效挖掘,这留给本项目巨大的市场机会,也是本项目的破题关键。打造以"七里湾九里滩,重温红军打江山"主题,以军事拓展、民兵训练为特色,区别于周边单一教育型景点的红色景区。本项目具有较大的市场潜力。

(五)本地条件

1. 区位交通

本项目位于红安县七里坪镇,总面积约6375亩,以倒水河为中心,包括方家荡村、高徐家村、古峰岭村等行政村村域。以规划一级公路为界,大别山旅游公路、109省道等主要公路环绕四周,交通可达性强。

2. 自然地理

1)地形地貌

规划区总体上呈现丘陵河谷地形,南北高中间低,最高海拔140米,位于高徐家村北部;最低海拔60米,位于古峰岭村涂家自然村。

2)水文条件

规划区水系主要为倒水河,丰水期河床平均宽约100米,在规划区内蜿蜒曲折9千米;除此之外,规划区内拥有众多水塘。

3)自然植被

规划区内自然植被较好,其中主要是用材树种、经济树种、园林绿化树种,以及竹类、中草药、牧草等,优势的树种有松、杉、栎等;古树名木众多,包括枫香、香樟等。

4)动物资源

在动物资源方面,主要生物品种包括各类淡水鱼类、鸟类、野猪等。

3. 人文环境

1)红色文化洗礼

这里是黄麻起义策源地、红四方面军诞生地、红二十五军重建地、红二十八军改编地,是秦基伟、徐深吉、郑维山等200多位共和国开国将军的故乡。

2)军事抗争传统

红安县的山脉关隘是连接北方和南方的战略要冲,因此,这里在历史上就是兵家必争之地,县域内到处可见古兵寨遗址。

3)非遗文化独特

这里有国家级非遗红安绣活,省级非遗有红安大布传统纺织技艺、十八老子的故事、红安荡腔锣鼓、油面传统制作技艺、红安皮影戏、红安绣花鞋垫,以及多项市级非遗和县级非遗。

4)荆楚文化浸润

红安县位于长江中下游平原与大别山南麓,是历史上楚国的核心区域,饱受荆楚文化浸润,境内山清水秀、人杰地灵,人文底蕴十分丰厚。明朝时期有"文风犹盛唯有楚,楚亦在黄安"之说。

5)地域文化丰富多彩

红安县特殊的地理位置和人文环境,创造了光辉灿烂、丰富多彩的文化,如其鄂东民俗文化、二程理学文化、天台佛禅文化、古典军事文化等。

4. 旅游资源分析评价

(1)自然生态环境一般,类型单一,无明显代表性特色资源。

(2)同质化严重且等级较低。

(3)红色历史事件较少且影响较小,红色文化特征不明显。

二、规划内容

(一)规划定位

1. 战略定位

充分借助红安县"中国第一将军县"的品牌优势,对接大别山旅游环线,以差异化、特色化、体验化的手法,融合教育研学、军事训练、生态观光、乡村振兴、生态修复等业态,将规划区打造成为红安县首席红色文化深度体验景区。

项目名称:大别山红色江山生态文化旅游区。

备选名称:大别山聚红营生态文化旅游区。

2. 功能定位

功能分为三大板块：

（1）红色文旅——红色研学、爱国教育、军事训练、共享家园、生态观光、休闲营地。

（2）生态农业——生态农业、共享农业、智慧农业。

（3）生态修复——荒山修复、荒滩修复、农田修复、河道治理。

3. 形象定位

红色江山·好汉家乡。

4. 市场定位

1）游客结构定位

（1）需求类型：以红色文化教育、军事训练为主，亲子游乐和乡村康养为辅。

（2）客源组成：以七里坪分流游客、党员干部、军事爱好者为主。

（3）出游方式：团队游和自驾游并重。

（4）消费能力：前期500—600元，后期800—1000元。

2）客源市场定位

（1）基础市场：武汉城市圈。

（2）目标市场：鄂豫皖苏区所在的湖北省、河南省和安徽省。

（3）机会市场：长三角地区、珠三角地区、环渤海地区等经济发达地区。

（二）空间布局

1. 空间布局

空间布局主要为"一心一带三片区"。

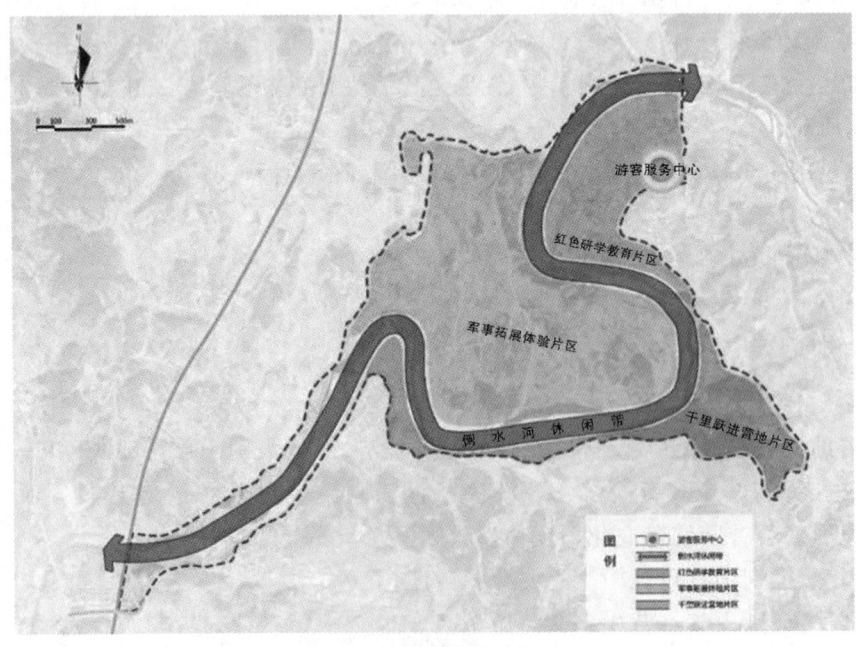

空间布局图

1)"一心"

游客服务中心。

2)"一带"

倒水河休闲带。

3)"三片区"

红色研学教育片区、军事拓展体验片区、千里跃进营地片区。

2.功能分区

按功能,可以分为"一带六区"。

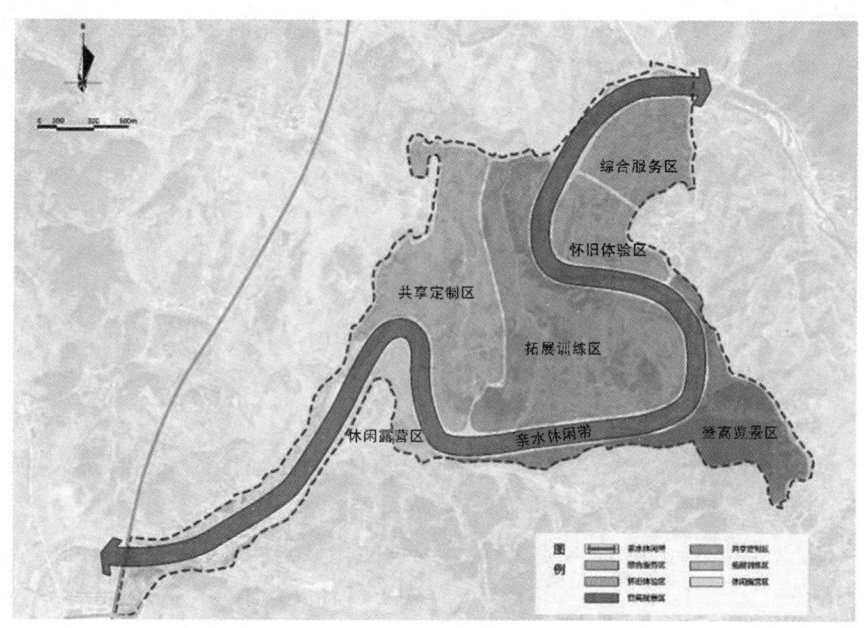

功能分区图

1)"一带"

倒水河休闲带。

2)"六区"

综合服务区、怀旧体验区、拓展训练区、登高览景区、休闲露营区、共享定制区。

(1)综合服务区。

① 选址:万家河、刘家畈、方家荡三个自然村落之间地块。

② 功能:旅游服务、停车集散、休闲住宿、红色研学、文化展示等。

③ 策划思路:此处为规划区主入口,且地势平坦,适合建设服务类项目,规划将此处打造成规划区旅游服务中心、研学教育中心和文化展示中心。

④ 目标愿景:湖北省研学旅行示范基地。

⑤ 重点项目:游客中心、英雄堂、英雄广场、生态停车场、将军客栈、研学基地。

(2)怀旧体验区。

① 选址:刘家畈及周边农田。

② 功能:旅游服务、停车集散、休闲住宿、红色研学、文化展示等。

③ 策划思路:

村落改造。以修旧如旧的方式,对刘家畈自然村湾进行村湾改造,建筑风格以鄂北民居传统风格为主,可通过大字报、彩绘墙等形式,在建筑外墙展示刘邓大军挺进大别山时颁布的三大纪律,强化文化氛围,打造具有浓厚历史氛围的主题村落。

业态导入。以刘家畈自然村湾为载体,挖掘革命老兵的生活印记打造军旅讲堂、老兵食堂、老兵民宿、老兵市集等项目,游客可以在此听红色故事、吃革命饭食、住红色民宿、购红色纪念品,感受老兵曾经的革命生活痕迹,追寻老兵记忆,传承抗战精神,让游客向老兵致敬,为革命老兵提供追寻红色记忆的场所。

(3) 拓展训练区。

① 选址:倒水河西侧。

② 功能:军事训练、拓展体验。

③ 项目特色:以军事训练拓展活动,串联区域项目,增强联系和趣味性。

④ 策划思路:

文化导入。对接红安县"中国第一将军县"的文化内涵,结合刘邓大军挺进大别山的历史事件,打造集文化体验、拓展运动于一体的主题园区,通过参与体验,感受革命成功的艰辛。

活动导入。依托刘邓大军挺进大别山的历史事件,结合地形,策划"再进大别山"主题拓展体验活动,打造一系列参与体验性较强的活动。

市场导入。对接大别山旅游线路、红安县红色文化教育团体,武汉城市圈学生团体和企业团建活动市场。

(4) 共享定制区。

① 选址:张思敬湾及周边田园。

② 功能:乡村生活体验、共享经济示范。

③ 项目特色:推出国内首批共享村落。

④ 策划思路:

扎根本土。红安县是"中国第一将军县",结合规划区地脉情况,因地制宜地进行开发建设。

延伸拓展。本项目应抓住共享经济风口,引入共享经济理念,促进乡村振兴,走出一条共享村落的特色之路。

(5) 登高览景区。

① 选址:胖头山。

② 功能:山地休闲、生态观光、荒山改造等。

③ 策划思路:

荒山治理。目前胖头山林撂荒严重,规划以不改变林地性质为前提,对胖头山山林景观进行改造,清理林下杂草、灌木,种植鸢尾等林下花卉,以及枫香、乌桕、银杏等有色植物,改善林相景观,增强观赏性,提高可进入性。

旅游配套。依托地形特征,结合倒水河景观带,挖掘红安将军好汉文化,在胖头山荒山改造的基础上适当融入登高望远、生态观光、森林徒步、丛林休憩等方面的项目,增加山林价值,做好旅游配套。

(6) 休闲露营区。

① 选址:朱梁子半岛。

② 功能:旅游驿站、休闲露营等。

③ 目标愿景:湖北省五星级营地、大别山旅游线路一级驿站。

④ 策划思路:

游线对接。对接大别山红色旅游线路,为其提供旅游驿站、停车休闲、公共活动等配套服务,打造大别山旅游环线重要节点,同时为旅游区争取更多的游客来源。

功能优化。依托倒水河生态景观资源,以五星级营地标准进行建设,根据不同游客需求,分为房车营地、汽车营地、帐篷营地等不同类型。

(7) 亲水休闲带。

① 选址:从上游万家河大桥至下游规划一级公路大桥倒水河流域沿岸。

② 功能:沙滩休闲、水上娱乐、生态观光等。

③ 项目特色:全国最美景观河道。

④ 策划思路:

生态修复。利用倒水河流域沿岸基础条件,结合环境特点,采取多样的修复与整治措施,对河滩、驳岸、水系进行全面有效的治理,种植地被植物,美化景观,新建两个景观漫水坝,形成一条生态多样、环境优美的生态景观廊道。

业态导入。利用河流资源和沙滩资源,打造五彩花溪、玻璃滑道、沙滩乐园、台阶瀑布、花海小火车等大众化旅游项目,解决红安县休闲旅游设施不足的问题,为红色文化旅游做好配套项目。

⑤ 重点项目:五彩花溪、玻璃滑道、沙滩乐园、台阶瀑布、花海小火车。

(三) 景观系统规划

1. 景观风貌定位

景观风貌定位为自然生态,色彩斑斓。

2. 景观规划结构

景观规划结构为"一带四区五景"。

1) "一带"

倒水河亲水休闲带。

2) "四区"

(1) 农田景观区(两个)。

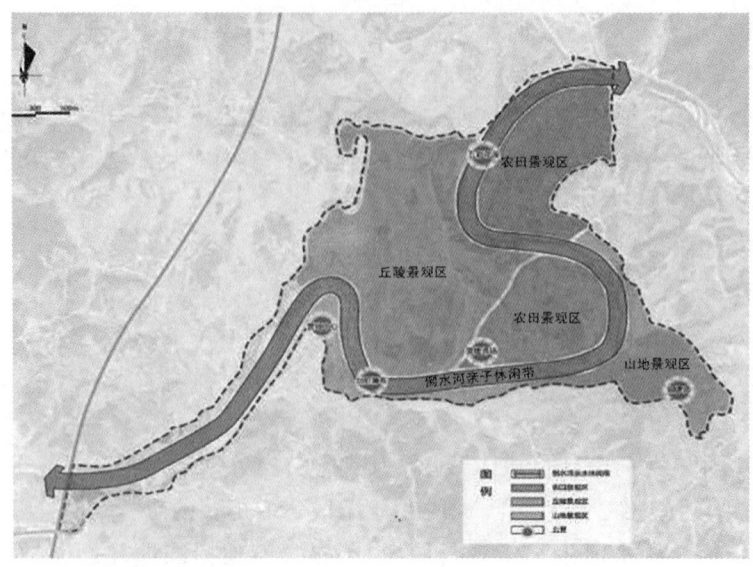

景观规划结构图

种植油菜花、向日葵、大麦等作物,打造大色块、大田园的景观效果。

(2)丘陵景观区。

大面积种植水稻或茶树,打造丘陵农业梯田景观。

(3)山地景观区。

种植乌桕、枫树、银杏等植物,优化山地林相景观。

3)"五景"

铜锣顶、英雄秀场、营地中心(房车、汽车、帐篷营地等)、五彩花溪、台阶瀑布。

3.建筑风貌控制

规划区是以红色文化、将军文化等为故事背景,打造红安县首席红色文化深度体验景区。应将建筑风格定位为青砖黑瓦、木格窗户、木板门扇和花岗石条组成的明清古建筑群落。整体上与红安县旅游景区(如长胜街、红安影视城、黄麻起义和鄂豫皖苏区革命纪念园、天台山风景区等)的建筑风貌相融合。

规划区内的建筑在整体或者局部上,应充分保留传统乡村民居元素,以乡味乡土为文化内涵,整体风格上以乡土、传统为主,打造出浓郁独特的乡村意境氛围。

4.绿地系统规划

整个旅游区以花卉植物(如金银花、牵牛花、野菊花、蝴蝶花、石蒜、紫堇、罗田玉兰、玉簪等)为主,辅助各类果树和其他观赏性植被,打造乡村绿地、生产绿地、滨水绿地和风景林地。

(四)市场营销

1.营销目标

1)总体目标

树红色形象,创将军品牌,聚旅游人气。

2)阶段目标

近期(2020—2025年):这一阶段是市场初步培育阶段,营销目标主要是针对客源市场推广"红色江山"的特色旅游形象,提高景区在周边市场的知名度;产品开发、价格定位、促销手段和分销网络等方面形式多样;不断推出针对细分市场的旅游卖点。

中远期(2026—2035年):在市场全面拓展巩固阶段,营销目标是在客源市场中,成功塑造品牌地位和旅游形象,维护景区在客源市场中的品牌形象,巩固景区总体旅游形象,使景区消费有较快的增长,效益明显。

2.节事营销

通过举办主题节事活动,对红色江山旅游区的各种旅游资源和品牌进行全面或重点推广。这种主题节事容易产生新闻效应和短期轰动效应。提前一个月通过网站、微信、微博、宣传册等进行宣传,重点举办以下三个节庆活动:"将军攻略"闯关赛、军事夏令营、露营文化节。

三、建设成效

(一)产业兴旺

红色是红安县最亮的底色,当地通过大力保护开发利用红色资源,构建了红色旅游大格局。大别山红色江山生态文化旅游区将大别山红色遗址遗迹、党员教育示范点等纳入统一运营、管理中,连点成线、连线成片,并完善了交通、住宿等配套建设,真正擦亮了红色名片,带动了多产业融合发展。本项目对闲置农用地进行统一规划,合理配置产业形态,改善了产业结构,同时通过一二三产业联动的方式,延长了产业链,将桂花、花生等产业做大做强,促进产业的升级。

(二)生态宜居

大别山红色江山生态文化旅游区将红色景观与生态观光巧妙融合,将独具特色的红色元素串点成线,盘活红色资源,红色观光游成为当地一道亮丽风景,每年吸引不少游客前来参观学习。村里不断改善农村人居环境,建设美丽宜居乡村,改水改厕,加快污水处理,净化水环境,通过筑坝蓄水、清理垃圾、花卉种植等方式,营造优美的河床景观,对河床两岸绿化植物进行修复,保持水土,减少水土流失。项目还对三个自然村湾进行环境改造,并融入相应的产业,打造特色"一村一品",在改善人居环境的同时,促进村庄产业、生态、文化、人才、组织的全面振兴。此外,项目还对规划区内农田、草地、园地等进行统一改造,对接国家政策,以高标准农田建设标准,改善耕地质量,发展生态农业,营造优美的田园景观环境。

(三)乡风文明

以前红安县的红色文化资源以静态的观光、教育等为主,对游客的吸引力有限,且静态的展示既难以给游客留下深刻的印象,又不利于文化品牌的塑造。本项目通过情景演绎、活动体验、文化教育等多类型产品的组合,将静态的文化展览,转变成了动态的深度体验,增强

了文化感染力,促进了文化的保护与传承。通过发展红色旅游,红安县的居民对本地红色文化的认同感得到提升,文化素质也有所加强。在项目的实际建设中,景区鼓励当地企业和人才踊跃参与旅游区建设和管理,真正做到了政企共管、居民共管,实现了和谐有序的社区环境。通过人才培养途径,当地旅游从业人员提高了专业理论知识和精神素养,继承和发扬了传统乡贤文化,扎根乡村,参与美丽乡村建设。

(四)治理有效

本项目通过情景演绎、活动体验、文化教育等多类型产品的组合,将静态的文化展览,转变成了动态的深度体验,增强了文化感染力,促进了文化的保护与传承。同时,以大别山红色文化资源为依托,将文化项目与科普教育、休闲旅游相结合,以场景再现、情景体验、行为艺术等方式,打造了全国第一个全方位、立体化的红色爱国主义教育拓展体验基地,营造了大别山区域旅游品牌,增强了旅游市场影响力。

(五)生活富裕

红色旅游的发展给当地村民带来了更多的就业机会和经济收益。修复一处故居,打造一个景点,致富一方百姓,带活一方经济。2010年,红安县66万人口里贫困人口达15.99万人,贫困发生率更是高达30%。2015年7月,湖北省委、省政府确定红安县为首批脱贫摘帽的贫困县区。通过发展第一产业,融合第二产业和第三产业,大别山红色江山生态文化旅游区以红色文化凝聚乡村奋进力量,激活红色资源,优化人居环境,使村容村貌美了起来,农民口袋鼓了起来。旅游区的开发建设与发展,为当地居民提供了技术、服务、管理、生产等方面的就业岗位,拉动了当地居民的就业,带动了当地居民的增收。

案例 7

丹渠田园旅游区
——丹渠田园·未来家园

规划区位于湖北省襄阳市老河口市竹林桥镇孟湾村及袁冲乡部分区域,东起百里生态丹渠游客接待中心(丹渠博物馆),西至郝岗桥,北至引丹渠南岸。该项目的总体理念是以老河口全域旅游发展为契机,顺应国家乡村振兴战略,以耕地保护和可持续发展为前提,依托规划区优越的区位交通条件,有机组合渠、田、林、塘等资源,以丹渠文化为灵魂,探索以农文旅融合助推乡村振兴的特色发展新路径,发展"农业+文化+旅游"农文旅融合新业态,打造集现代农业生产、休闲观光、红色教育、科普研学、运动娱乐、田园度假等于一体的主题文化乡村特色旅游目的地。该项目以"丹渠田园·未来家园"为核心定位,构建"一心一带一路两翼"的空间布局,其中,"一心"为综合服务中心,"一带"为丹渠文化景观带,"一路"为引丹圆梦之路,"两翼"为东部文旅驱动翼、西部农业生产翼。该项目的亮点是构建一大主题,实施两大融合发展,吸引三大主力客群,坚持四大发展理念,承担五大区域职能,构建三色家园。

一、项目背景

(一)项目概况

1. 规划范围

项目位于湖北省襄阳市老河口市竹林桥镇孟湾村及袁冲乡部分区域,东起百里生态丹渠游客接待中心(丹渠博物馆),西至郝岗桥,北至引丹渠南岸,总规划面积约6047.4亩。

2. 区位交通

规划区位于老河口市东北部,老河口市挟蜀汉、扼新邓、枕太和、通秦洛,得舟楫之利,扼四省要冲,素有"襄郧要道、秦楚通衢"之称,享有"天下十八口,数了汉口数河口"之誉。

规划区距离老河口市区20分钟车程、襄阳市区1.5小时车程、河南邓州市区50分钟车程。周边328国道、039县道、310省道、316省道等环绕;汉丹铁路、襄渝铁路穿境而过,项目距离老河口市火车站仅20分钟车程,交通四通八达、便利迅捷,具有开拓城市田园休闲度假市场的先天地理优势。

3. 资源禀赋

1) 自然资源

沃野岗地,田园风光无限。水、田、林、湾的多元化组合,形成多样化的自然基底。

2) 文化资源

北有红旗渠,南有引丹渠。从"生命之渠"到"生态之渠",艰苦奋斗、敢为人先、实干创业、丹心奉献的"丹渠精神"。

（二）发展背景

1. 政策解读

1) 党的二十大报告

全面推进乡村振兴;推进文化自信自强,铸就社会主义文化新辉煌;推动绿色发展,促进人与自然和谐共生。

2) 田园综合体

田园综合体是落实乡村振兴战略的载体。继2017年推出第一批田园综合体后,时隔四年,再一次启动国家级田园综合体建设试点工作,这对于农业农村建设意义深远。

3) 水利风景区

践行"绿水青山就是金山银山"理念,修复健康水生态、构建宜居水环境、弘扬先进水文化、发展美丽水经济、传承红色基因、助力乡村振兴必须齐头并进。

4) 老河口规划

一方面,抓住"打造辐射3000万人口的鄂豫陕生态观光经济带"的机遇,实现丹渠田园的绿色发展,创造良好的生态效益、社会效益和经济效益,为美丽老河口的绿色崛起增砖添瓦。

另一方面,项目依托老河口乡村振兴的布局,以农业产业为核心产业,以"农业＋文化旅游"的深度融合发展模式,促进袁冲乡、竹林桥镇产业升级发展,带动村民就业和创业。

2. 市场研判

1) 旅游发展趋势

微度假时代来临,呈现短途增多、频次上升、出行意向模糊化等特点。亲子游诉求处于暴增状态,"家门口遛娃"成为年度大趋势。

2) 水利旅游现状

水利旅游现状为数量多,竞争大,差异不明显。

3. 竞合分析

周边旅游态势:老河口上游丹江口（丹江口大坝旅游区、丹江口沧浪海旅游港、南水北调中线工程纪念园等）、淅川（丹江大观苑、南水北调展览馆、丹江风景名胜区等）为国家南水北调中线工程水源地,依托优越的水域资源,旅游发展较为成熟,且主题性较为明显,南水北调文化挖掘较深入。老河口旅游景点数量和旅游品牌塑造不及其他两地,丹江口有国家5A级景区、道教圣地武当山,淅川有国家4A级景区丹江大观苑,丹渠田园有望成为区域内首家国家4A级景区,从而带动全域旅游发展。

（三）开发策略

1. 构建一大主题

丹渠文化＋基地资源＝丹渠田园。

2. 实施二大融合发展

农业为底＋文旅为脉＝农文旅融合发展示范。

3. 吸引三大主力客群

亲子客群、研学客群、党政机关客群。

4. 坚持四大发展理念

以"丹渠文化"塑魂，以"现代农业"兴渠，以"生态环境"涵养，以"旅游形态"升华。

5. 承担五大区域职能

老河口的形象展示中心、旅游服务中心、乡村休闲中心、田园度假中心、运动娱乐中心。

6. 构建三色家园

绿色生态家园、红色精神家园、金色幸福家园。

7. 发展导向

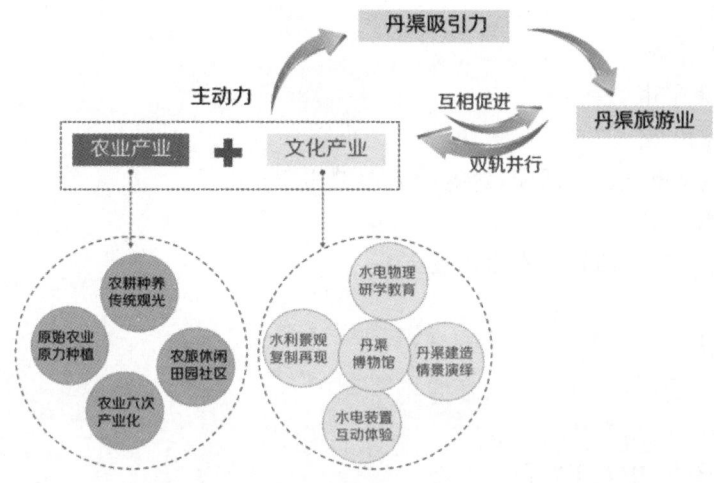

丹渠田园发展导向图

目前的旅游资源较难带动丹渠旅游发展，要融合丹渠文化、农耕文化、水利文化等文化产业，形成百里生态丹渠的特色吸引力，带动丹渠旅游业，形成动力循环。

二、规划内容

（一）战略定位

1. 总体定位

以老河口全域旅游发展为契机，顺应国家乡村振兴战略，以耕地保护和可持续发展为前提，依托规划区优越的区位交通条件，有机组合渠、田、林、塘等资源，以丹渠文化为灵魂，探索以农文旅融合助推乡村振兴的特色发展新路径，发展"农业＋文化＋旅游"农文旅融合新业态，打造集现代农业生产、休闲观光、红色教育、科普研学、运动娱乐、田园度假等于一体的主题文化乡村特色旅游目的地。

2. 形象定位

丹渠田园·未来家园。

3. 宣传口号

丹渠田园，未来家园。

丹心筑渠，水乡江南。

碧水丹田，美丽家园。

4. 功能定位

1）主要功能

现代农业生产；休闲观光；红色教育；科普研学。

2）延展功能

田园度假；运动娱乐。

5. 市场定位

1）核心客源市场

老河口市、襄阳市。

2）拓展客源市场

南阳、十堰、随州、武汉、郑州、西安等周边城市。

3）机会客源市场

湖北省、河南省、陕西省等省市市场。

6. 客群定位

1）主力客群

研学客群、亲子客群、党政机关客群。

2）补充客群

青年/情侣客群、中老年客群。

7. 区域职能

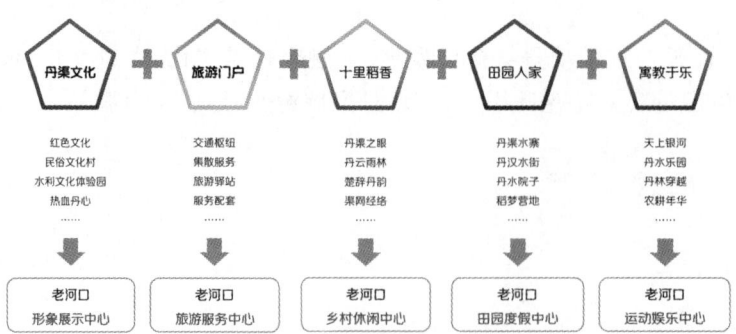

丹渠田园区域职能图

以旅促产,以旅彰文,促进区域特色文化的传承和特色产业的发展。打造老河口的形象展示中心、旅游服务中心、乡村休闲中心、田园度假中心、运动娱乐中心。

(二)创意策划

1. 布局理念

1)尊重现状,因地制宜

在布局上,充分尊重土地利用现状,不占用基本农田,保留农业生产功能,点状布局项目,发展休闲观光农业。

2)三色家园,和谐建设

保护丹渠的生态环境、基地资源,走绿颜经济发展之路,建设"绿色生态家园"。

用心、用情、用力,保护、管理、运用好丹渠丰富的红色资源,构建红色旅游产品体系,建设"红色精神家园"。

以农业为底,文旅为脉,进行组团式、互动式开发,走农文旅融合发展之路,助力乡村振兴,建设金色幸福家园。

3)文化贯穿,动态演绎

项目整体布局始终坚持以丹渠文化为灵魂,贯穿始终,凸显主题文化特色。同时,在规划区中将丹渠博物馆的静态展示以动态体验的形式进行演绎,进一步强化丹渠文化的感染力,引起游客的共鸣。

2. 空间布局

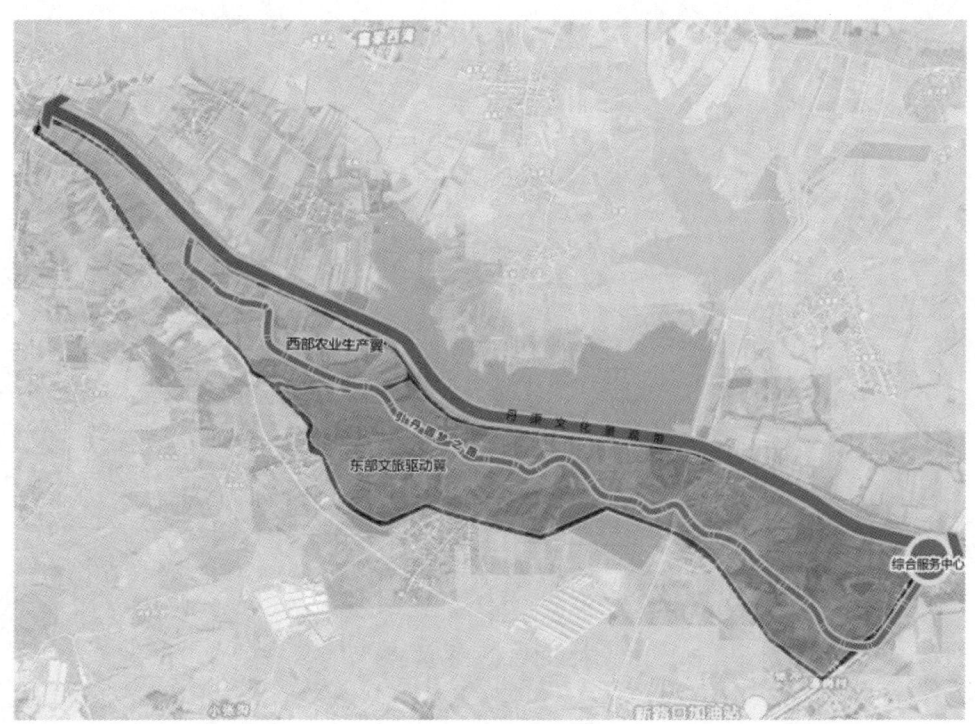

丹渠田园空间布局

以规划区的区位交通优势为依托,结合田、塘、林、渠等资源,因地制宜,形成"一心一带一路两翼"的空间布局形态。

1)"一心"

"一心"指综合服务中心。

2)"一带"

"一带"指丹渠文化景观带。

3)"一路"

"一路"指引丹圆梦之路。

4)"两翼"

"两翼"指东部文旅驱动翼、西部农业生产翼。

3.功能分区

按功能分为"五园":水之都·丹水家园、逐水谣·丹俗游园、引水歌·丹心学园、圆水梦·丹渠农园、因水兴·丹色景园。

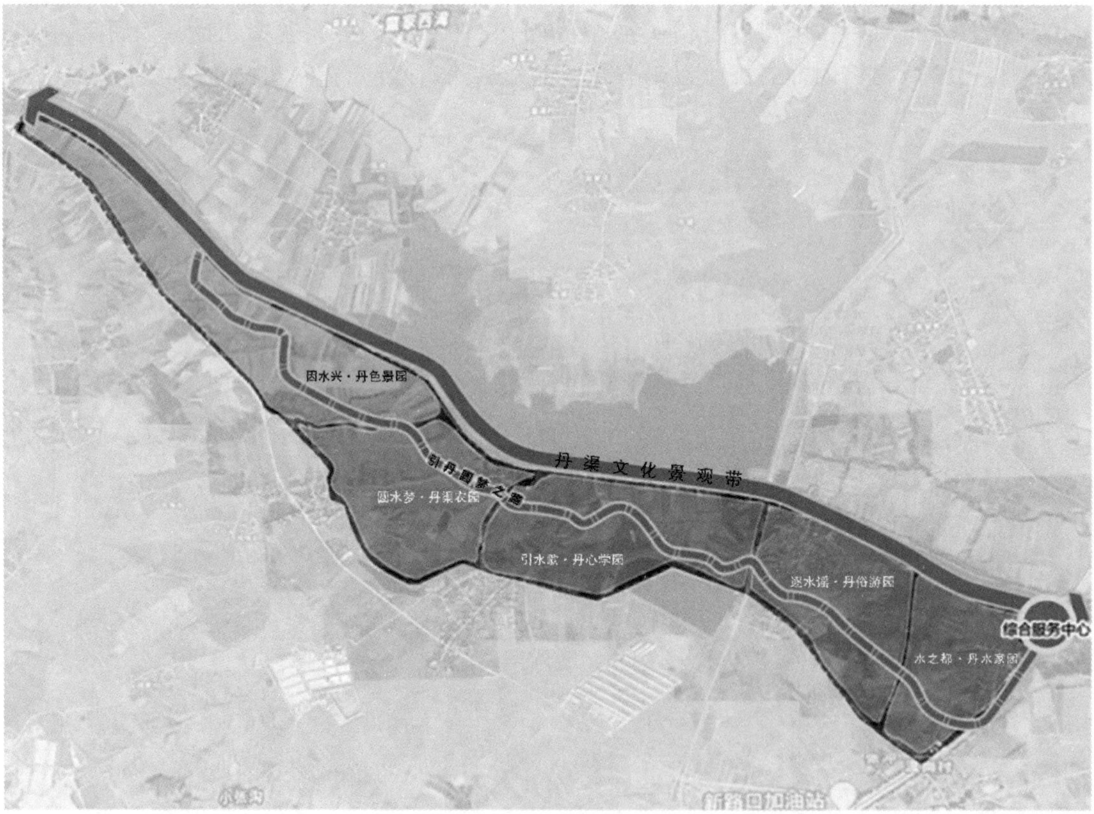

丹渠田园功能分区图

4. 总平面图

丹渠田园总平面图

5. 分区策划

1) 综合服务中心

(1) 位置范围：位于引丹渠与328国道交汇处西南角游客接待中心处，总面积约2.53公顷。

(2) 规划思路：该区域目前已高标准建设游客中心、丹渠博物馆、丹渠广场和生态停车场等设施，具有较好的接待条件，规划以"开篇序言"为区域功能定位，在现状基础上完善相关服务功能即可，进一步增强服务能力，使其成为规划区综合接待中心、文化展示中心和商务会客中心。

2) 丹渠文化景观带

(1) 位置范围：引丹渠南岸游客中心—郝岗桥段，长度约6.7公里。

(2) 规划思路：一是对丹渠南岸绿化进行提升，美化驳岸景观；二是按公园建设标准进行配套，打造带状公园；三是在景观上从东向西分成三个段落，按红色丹渠、绿色丹渠、金色丹渠分别展示丹渠相关文化，打造文化景观带。

3) 引丹圆梦之路

(1) 位置范围：长约7千米、宽5米，为规划区主游步道，贯穿规划区每一个功能区。

(2) 规划思路：在规划区中部自东向西修建一条长约7千米、宽5米的游步道，串联规划区重点旅游项目，与丹渠文化景观带共同构成旅游环线。同时，按时间顺序修建五个驿站，展示引丹渠修建前后的历史文化，与五个主题功能区相互呼应。

4) 水之都·丹水家园

（1）位置范围：位于综合服务中心南部，总面积约62.71公顷。

（2）规划思路：老河口市目前拥有大小水库50多个，总体而言，水资源丰富。规划充分利用其水资源，以"汉江岸边是我家"为理念，打造以水为特色的生活区，为整个项目做好配套。

5) 逐水谣·丹俗游园

（1）位置范围：竹林桥镇孟湾村七组区域，面积约68.66公顷。

（2）规划思路：结合孟湾村美丽乡村示范村及黄桃基地的建设，深挖丹渠文化、水利文化、农耕民俗文化，设置古代汲地水、提江水、蓄天水等科普展示，通过文化体验项目展示引丹工程之前劳动人民取水灌溉的艰苦以及引丹渠的重要性。

6) 引水歌·丹心学园

（1）位置范围：位于孟湾村西侧乡村道路与凉水泉东侧乡村道路之间，总面积约88.98公顷。

（2）规划思路：1969年10月，修建引丹大渠的千军万马，在珠连山下清泉沟安营扎寨。为彻底改变鄂西北岗地贫穷、落后、干旱的旧面貌，在党的领导下，开山凿洞、挖渠架槽，用生命和汗水书写伟大的丹渠精神——丹心向党、舍身为公、艰苦奋斗、求变求新。以丹渠文化为主，农耕文化为辅，打造集研学教育、红色拓展、文化体验等功能于一体的丹心学园，以动态参与的形式进行演绎，强化丹渠文化的感染力，促进丹渠精神发扬光大、赓续传承。

7) 圆水梦·丹渠农园

（1）位置范围：位于凉水泉与其西侧大片树林之间的区域，总面积约83.91公顷。

（2）规划思路：水通了，梦圆了，一渠碧水，变江南。该片区以田园风貌为依托，结合现代农业种植，打造集田园景观、休闲农业等于一体的丹渠农园。

8) 因水兴·丹色景园

（1）位置范围：位于袁冲乡郝岗村及薛沟村部分区域，总面积约96.37公顷。

（2）规划思路：对现有农田进行土地综合整治，采用物联网、大数据、卫星定位等智慧农田信息管理技术，打造田成方、林成网、渠相通、路相连、旱能浇、涝能排的高标准农田，形成优美的田园景观。

6. 夜游策划

规划区充分利用水林田渠等资源，开发夜间旅游体验组合产品，满足市场夜游需求，进一步拉动娱乐、餐饮、住宿等配套消费，打造白天与晚上双运营的营销模式。

（1）配套亮化。

通过增加规划区的夜间亮化、灯光设计、3D投影、水幕秀、互动装置、造景、夜间活动等，为游客提供丰富多彩的夜游体验。

（2）"越夜越活力"场景打造。

利用光影设备，以花、草、树、水、景观小品、房屋等为载体，通过声、光、电、科技等技术设备，结合投影与创意灯光交互，打造出极致光影空间和美轮美奂的创意场景，创造出"越夜越活力"的体验场景,为游客带来沉浸式的夜游体验。

（3）打造老河口夜游新名片。

（三）营销策划

1. 营销推广

线上线下相结合、多渠道整合营销。

线上宣传
- 自媒体宣传：自媒体平台粉丝突破100万,开通官方微信公众号、微博号、抖音号,每天阅读量和网上展示量过1万/次,形成强大的传播影响。
- 全员自媒体宣传"一微一抖一红"：一个微博号,一个抖音号,一个小红书账号,号召全体员工开通,人人是编辑,人人是记者,人人可做直播。
- 渠道宣传：携程、途牛、美团等OTA平台,网站等O2O平台宣传,PC端、移动网页端、微信端和APP等。
- 游客自媒体传播：自媒体传播标识牌,游客自发宣传到自己的自媒体平台,熟人圈的宣传效果更好。

线下宣传
- 地推宣传：DM单、海报、快闪、扫码奖礼品等活动等地推宣传。
- 硬广宣传：高速炮台、服务区灯箱广告、墙体广告、电梯广告、电子显示屏等广告宣传。
- 媒体宣传：与新浪、腾讯、今日头条等主流媒体达成战略合作,地方电视台、省卫视保持紧密合作。

丹渠田园营销推广

2. 节庆活动

节庆体系贯穿全年,月月有主题,季季有活动,年年有约。

丹渠田园节庆活动

三、建设成效

（一）产业兴旺

发展产业是实施乡村振兴战略的核心,也是强村富民的最直接手段。近年来,湖北省襄阳市老河口市大力开展以"一点一线一园一街一业"为主要内容的"五个一"示范工程建设,通过典型引路、以点带面,推动农村环境改善、农业产业升级,助力乡村振兴。随着乡村旅游的蓬勃发展,来孟湾村观光的游客越来越多。村党支部引导村民兴办农家乐,出售土特产,打好旅游牌,真正实现"山水观光"向"休闲度假"转变,"美丽乡村"向"美丽经济"演变。

（二）生态宜居

竹林桥镇以完善功能为先,从整治入手,在基础发力,进一步完善补足集镇亮化、绿化、强弱电入地、立面改造提档、停车场配套功能,补齐集镇基础设施短板,完善公共服务功能。建立完善长效的管护机制,在"建"上用力、"管"上用心,让集镇面貌更具"颜值",推进老河口市全域旅游的发展打下基础。

近年来,老河口市建设旅游厕所30余个,条件全部达到旅游厕所建设质量标准,实现了重点景区、景点及旅游线路沿线旅游厕所全覆盖。

（三）乡风文明

丹渠田园开发以来,竹林桥镇各村陆续开展村规民约教育实践活动,引导村民学习村规民约,约束规范自身言行,深入推进农村移风易俗,树立文明乡风,营造文明和谐的村居环境,实施乡村文化振兴,做好新时代文明实践中心建设,培育和践行社会主义核心价值观,抓好党的政策方针宣传宣讲。

（四）治理有效

2022年,老河口市旅游发展实现新突破:一是按照襄阳市推进文旅产业高质量发展领导小组办公室要求,研究制定老河口市文旅产业高质量发展三年行动方案(2022—2024年),为之后三年的文旅产业发展提供了清晰路径;二是国家A级景区创建和星级农家乐申报实现双丰收,引丹渠旅游区将创建国家3A级景区,襄阳市星级农家乐总数达到11家,旅游行业资源开发、品牌推广持续发力;三是积极推进现代农业观光示范带建设,拟在汉十、邓保等高速,以及部分国道、省道出口和交汇口增加翔鹤楼、西排子湖国家湿地公园、张庄黄酒小镇等景区景点的宣传,增设一定数量的旅游标识。

（五）生活富裕

竹林桥镇持续壮大集体经济,依托镇龙头企业,采取资金入股、代购代养、市场包销等方式,稳步增加村级集体经济收入,确保村级组织有钱为群众办事。

丹渠田园综合体的建设,依托老河口乡村振兴的布局,以农业产业为核心产业,以"农业＋文化旅游"的深度融合为发展模式,促进了袁冲乡、竹林桥镇产业升级发展,提供生产类、技术类、管理类等方面众多就业岗位,带动袁冲乡、竹林桥镇农户就业,促进农民增收。

案例 8

蜜泉湖旅游度假区
——森养红杉林·康养蜜泉湖

规划区位于湖北省咸宁市嘉鱼县官桥镇武侯坡。该项目的总体理念是以生态为基底、文化为核心、康养为支撑、田园为特色。该项目以"森养红杉林·康养蜜泉湖"为核心定位,构建"一心一湖两绿廊,双核三区多节点"的空间布局,其中,"一心"为游客服务中心,"一湖"为蜜泉湖,"两绿廊"为康体绿廊、人文绿廊,"双核"为康养产业配套核心、三国文化体验核心,"三区"为假日公园片区、颐养衫国片区、三国草原片区,"多节点"为亲水餐厅、生态公园、花林湿地、金沙滩、森林驿站、水亭碧野阁。该项目的亮点是抵达序列——景观独特多元、度假体验——康养全链条服务、文化体验——玩出大文化、亲子研学——研习互动一体化、滨湖绿带——蓝绿相融格局。

一、项目背景

(一)宏观背景

1. 2022年中央一号文件

2022年中央一号文件《中共中央 国务院关于做好2022年全面推进乡村振兴重点工作的意见》,推进乡村旅游发展。

2. 《"健康中国2030"规划纲要》

《"健康中国2030"规划纲要》积极发展健身休闲运动产业。

3. 《关于推进中小学生研学旅行的意见》

《关于推进中小学生研学旅行的意见》鼓励研学旅游。

(二)区位条件

项目地所属的咸宁市位于长江经济带,被环渤海、成渝、长三角和珠三角四大经济圈包围,远期市场潜力巨大;咸宁市是武汉"1+8"城市圈之一,对项目的发展有良好的依托作用。

项目2小时辐射范围至孝感、黄石、岳阳等城市市区,1小时内可抵达武汉市区、咸宁市区、赤壁市区等,半小时内抵达嘉鱼县城、武深高速入口、蕲嘉高速,交通便利,该项目是武汉市居民进入嘉鱼县的第一站,距离咸宁火车站1小时车程,长线交通辐射能力良好。

(三)资源赋存

1. 基地特性

民房节点散布,植被覆盖率高,一处一境,风光各异。

2. 旅游资源分析

规划区内旅游资源包括7个主类10个亚类26种基本类型。规划区内自然资源(地文景观、水域景观、生物景观)主要以丘陵、水、林、田、果等资源为主,乡村自然资源特征典型。人文资源(建筑与设施、历史遗址、旅游购品、人文活动)主要以历史事件、地方文脉习俗、农特产品为主。

规划区内旅游资源单体等级不高,优良级旅游资源以四级、三级为主,有蜜泉湖、银沙滩、武侯坡、三国博物馆、红豆杉林、石斛6个。地块内多数旅游资源单体属普通旅游资源,就资源单体而言,市场独特性和吸引力不足,但地块自然环境保持相对完整,原生性强,尚未受到外界干扰和污染,为开发新康养度假、文化旅游产品提供良好的整体环境资源基础。

3. 核心资源

(1)山。规划区东南侧山丘环湖,山丘起伏,天际线自然而优美,登高望远,视野开阔,风景极佳。

(2)湖。蜜泉湖湖面面积约18750亩,是嘉鱼县第二大湖泊,水面开阔,水质清新,大小池塘无数,渔业资源丰富,三面有残丘环绕,风景宜人。

(3)林。规划区红豆杉林茂盛,负氧离子含量高,形成天然氧吧,有极大的康养功效。

(4)田。规划区田园优美、植被茂盛,符合武汉都市圈城市居民追求的生态生活环境。

(5)湿地。规划区沿湖有大面积的湿地景观,生态环境优越,是白鹭、野鸭等鸟类的栖息地,鸟类资源丰富。

(6)文化。嘉鱼县三国文化源远流长,是赤壁之战时东吴与蜀汉练兵屯粮、战事推演之地,各种妙计就是在此产生的,大乔、小乔姐妹曾在此度过美好时光。

(四)发展总结

项目优势/机遇

- **区位优势**:基地是武汉城市圈"1小时交通圈"的组成部分,咸宁市是武汉都市圈之一,"1+8"城市圈之一,对项目的发展有良好的依托作用
- **生态环境**:生态本底优越,资源类型丰富,山环水绕,环境优美,红豆杉林面积广阔,具有良好的康养作用
- **特色资源**:三国文化特性强,是三国著名人物曾经的驻扎之地,可利用性强
- **政策机遇**:中央1号文件连续19年聚焦三农问题,农业农村发展是重中之重,健康中国战略
- **市场机遇**:后疫情时代周边短途、高频次的微度假备受青睐;当代人越来越注重养生,发展康养度假正当时

VS

项目挑战

1. **三国文化与赤壁同质,竞争性大**:项目地三国文化没有赤壁的三国文化那般著名,如何打造独特的三国文化竞争力成为重要的挑战
2. **公益林、蜜泉湖蓄洪区等的制约**:项目地大面积公益林,对项目的建设开发具有一定的制约,蜜泉湖的蓄洪功能导致不能大搞水上项目
3. **服务配套设施不完善,市场欠发达**:农业处于有生产无市场的境地,初级农产品导致附加值少、效益低,服务业分布零散,功能落后
4. **竞品项目众多,市场竞争强劲**:周边众多传统度假、旅游观光产品等,形成强劲的市场竞争力,项目将面临着极大的挑战

项目优劣势发展总结图

二、规划内容

(一)战略定位

1. 发展理念

以生态为基底、文化为核心、康养为支撑、田园为特色。

2. 总体定位

华中康养度假与文化旅游体验高地;武汉城市圈乡村微度假目的地。

3. 功能定位

主要功能包括康养度假、休闲娱乐、户外运动、文化体验、亲子研学、婚纱摄影、美食体验、农耕体验。

4. 形象定位

森养红杉林·康养蜜泉湖。

5. 目标定位

(1) 旅游目标:国家级旅游度假区。

(2) 其他目标:湖北省三国文化体验高地、湖北省康养产业示范先行者、咸宁市智慧旅游示范基地、咸宁市乡村振兴示范基地、咸宁市中小学生研学实践教育基地。

6. 市场定位

1) 客群结构

(1) 主力客群:亲子客群、中老年客群、情侣客群。

(2) 主要来源:周边城市休闲观光、周边城市微度假、大城市休闲旅居。

2) 客源市场

(1) 基础市场:武汉"1+8"城市圈。

(2) 目标市场:湖北省其他地区,以及湖南、重庆、陕西、河南等地区。

(3) 机会市场:长三角地区、珠三角地区、环渤海地区、长株潭城市圈等国内经济发达地区城市。

(二)总体规划

1. 规划结构

规划结构为"一心一湖两绿廊,双核三区多节点"。

"一心":游客服务中心。

"一湖":蜜泉湖。

"两绿廊":康体绿廊、人文绿廊。

"双核":康养产业配套核心、三国文化体验核心。

"三区":假日公园片区、颐养衫国片区、三国草原片区。

"多节点":多元配套节点,包括亲水餐厅、生态公园、花林湿地、金沙滩、森林驿站、水亭碧野阁。

1) 游客服务中心

游客服务中心选址在二乔大道北侧,规划建筑面积约1140平方米,集旅游运营服务、产业发展服务等服务功能于一体。

2) 假日公园片区(一期)

(1) 运动养身板块。

特色项目:丛林探险项目群、真人CS、生态卡丁车、电子射击、室内外运动场、恒温泳池。

(2) 文化养灵板块。

以三国博物馆(三国文化体验馆)、三顾茅庐、雾森迷宫及金磊现代农场的农业研学体验为核心,面向人文爱好者,依托武侯坡遗址,与名人同游,共享文化滋养,打造具有浓郁人文气息的文化体验板块。

(3) 医疗养生板块。

以军威医院、中医名医工作室、国医大师养生工作站为核心,针对现代人健康养生需求,引入专业的健康医疗机构,结合优越生态环境,打造多元康养产品,打造一站式医养服务体系。

(4) 度假养心板块。

以老幼结合的度假产品为核心,充分考虑银发一族、亲子一族的生活需求,打造老年人能在湖光山色中颐养天年、亲子在互动玩耍中享受悠闲时光的度假养心板块。

3) 假日公园片区(二期)

国际康养板块,占地面积约610亩。

假日公园片区二期(国际康养小镇)为康养产业集群的产业配套区,二期已建成项目有8栋度假公寓(共766套房)、13栋树屋、13栋鸟巢屋及大面积的红豆杉森林,为度假疗养的客人带来"林距离、森呼吸"高质量的森养体验感,另已建成罗马广场、假日长廊、天空之境等"网红打卡地"和婚纱摄影基地。规划提升的度假项目有临湖木屋、水上露营、户外烧烤露营基地,配套服务设施包括度假服务大厅、亲水餐厅、购物商店等。

4) 假日公园片区(三期)

杉国森养板块,占地面积约2686.9亩。

假日公园片区三期衔接假日公园片区一期、二期,也是康养产业配套服务区,规划建设杉国颐养基地、石斛森氧疗养基地、康养田园、湖畔步道、滨水栈桥、生态浮岛、花林湿地、生态公园等项目,在可持续发展的生态格局下,保证开发,构建空间灵活、服务完善、生态优良的红豆杉生态康养社区。

5) 颐养杉国片区

(1) 金沙滩岛板块。

在沙滩上眺望开阔的水面,与静谧的蜜泉湖一起回归平和、体验异国风情、拥有健康的心态。这里是最佳养心场所。

(2) 森林疗养板块。

以红豆杉森林为主体,打造森林养眠和运动养生系列产品,配以绿色餐饮,促使游客养成健康生活习惯。

6) 三国草原片区

(1) 草原服务板块。

特色项目有入口门牌、生态停车场、草原大驿站、三国草原大门。

(2) 草原游乐板块。

结合地形和三国文化,设置极具趣味性的互动游乐项目。

特色项目有塞外饮马源、诸葛八阵图、五虎上将营。

(3) 三国文化板块。

以现状村庄建筑和场地环境为基底,植入三国文化和休闲娱乐业态,打造沉浸式三国文化游览体验区。

(4) 草原露营板块。

以草原、河谷、林地为主要地形,以三国兵营为文化基础,设置不同类型的露营基地,配套烧烤、骑马、热气球、悠悠球等草原娱乐项目。

7) "两绿廊"

康体绿廊:定位为综合绿道——小火车道、自行车道、非机动车道、步行慢道于一体,是集休闲、体验、观赏、运动为一体,青、清、净、静的环湖生态游憩绿道,除了作为休闲游乐、生态体验之用,沿绿廊集中布局社区型康体运动设施,也可来此地跑步健身。

人文绿廊:景观与人文结合,"百步一诗画",沿途打造千米三国文化长廊。此外巧用植物打造沿湖绿道四季景观小品,一季一品,在慢行绿廊与重要线路节点相交处打造景观节点。

2. 规划亮点

1) 抵达序列——景观独特多元

在度假区的主轴线上,巧用植物来打造沿路景观,营造独特多元的景观到达序列。

2) 度假体验——康养全链条服务

利用现有健康产业内外部资源,提供健康管理、养生养老、医疗康复等康养配套服务,构建特色大健康产业链。度假产品体系的打造涵盖"吃住行游购娱、商养学闲情奇"等要素。

3) 文化体验——玩出大文化

结合三国文化、民俗文化,布局主题特色餐饮娱乐、文创零售等业态,打造在地文化深度体验。

4) 亲子研学——研习互动一体化

结合景观资源现状,以农耕文化、田野拾趣为核心,搭建集农业知识、社会实践、冒险探索于一体的自然教育基地。

5) 滨湖绿带——蓝绿相融格局

主题双廊(康体绿廊、人文绿廊)、人文绿网联动。

3. 总平面图

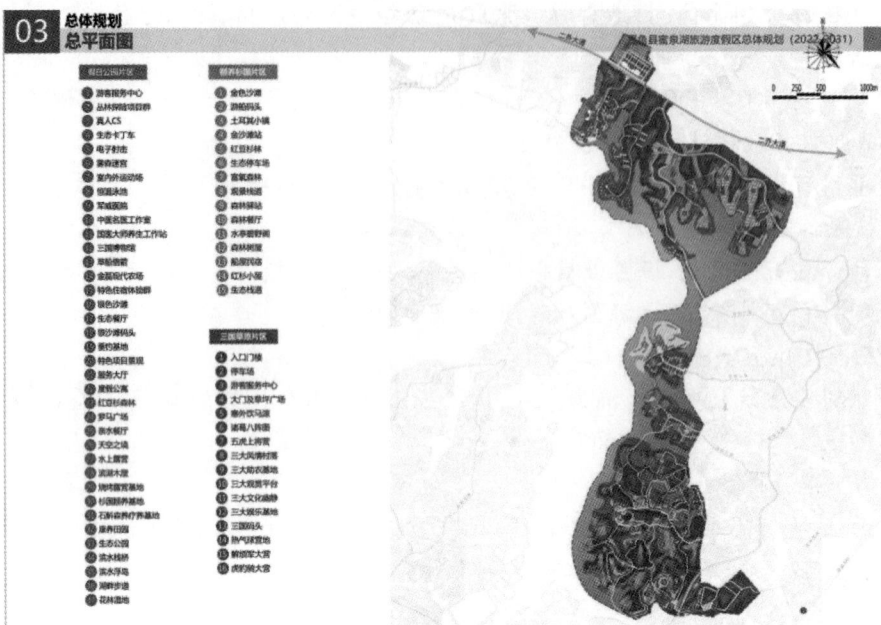

总平面图

（三）绿地景观

1. 景观规划结构

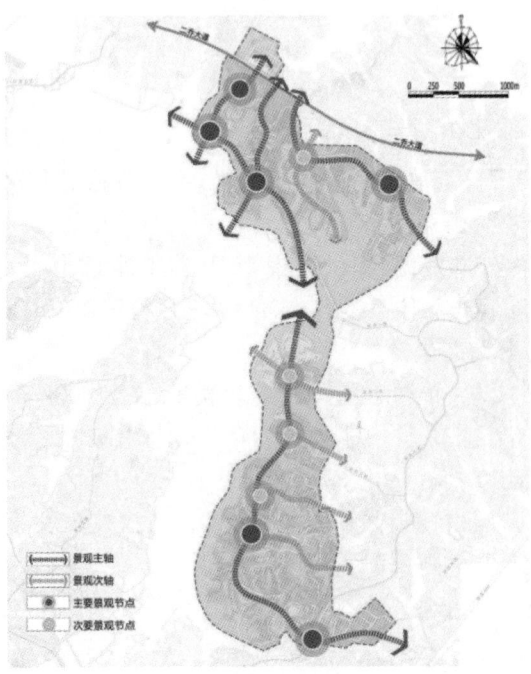

景观规划结构图

2. 绿地系统规划

本规划区绿地系统与区域湖泊、河流、林地融合,内部以原生态农林用地为主。规划区景观系统采用点、线、面相结合的方法,与周边大生态景观系统融合,通过生态廊道生态斑块楔形绿地,将湖景、田园等引景入园;内部结合林地、耕地等生态保护,将自然景观与人工造景相结合。

3. 植物品种配置

1)假日公园片区

本区是整个项目的主要入口区域、迎宾区域、度假区域,绿化配置上应用茂密的树林与开阔的草坪对本区进行统一规划设计。自然的丛林式种植,围合着干净开阔的微地形草坪空间,塑造自然朴素的生态空间,让人们在区域内犹如置身大自然的丛林中一样。片区内植物有红豆杉、香樟、杜英、银杏、榉树、国槐、黄连木、白蜡、五角枫、紫叶李、云杉、鸡爪槭、木绣球、红叶石楠、黄刺玫、圆柏、杜鹃花、八角金盘、月季、八仙花、萱草、绣线菊等。

2)颐养杉国片区

本区环境宁静优雅,舒适宜人,打造一个幽静的休闲度假胜地。本区域将景观、绿化等合理搭配,致力于打造一流的度假环境。通过对不同色系和造型的植物进行合理搭配,打造集滨水休闲与森林康养于一体的复合型康养片区。本片区植物有法国梧桐、七叶树、国槐、银杏、榆树、西府海棠、香花槐、榆叶梅、山茱萸、紫叶小檗、金叶女贞、黄刺玫、大叶黄杨、紫薇、月季、茶梅、八宝景天、茉莉花等。

3)三国大草原片区

本区结合生态修复,配置设计以松树和竹子为主题,以松树和竹子营造清雅幽静的简洁空间,再以色叶和开花乔木点缀其中。片区内的植物有樟子松、马尾松、乌桕、马褂木、樱花、白蜡、紫竹、桧柏、蜡梅、毛杜鹃、连翘、黄刺玫、瓜子黄杨、圆叶构骨、八仙花、狭叶十大功劳、南天竹、金山绣线菊、兰花三七、玉簪、落新妇、蓝花鸢尾等。

(四)营销策划

1. 市场营销

1)营销目标

(1)总体目标:树立湖北省知名康养旅游品牌。

(2)阶段目标:

近期——通过旅游产品支撑和旅游营销推广,在咸宁树立养生旅游品牌,为城市打造周边康养度假地、文化体验重要旅游地,融入咸宁旅游线路,逐步在武汉城市圈中树立较高知名度。

中远期——提升对省内旅游市场的影响力,扩大项目旅游品牌的外省知名度,拓展至全国范围。

2)文旅形象策划

森氧红杉林·康养蜜泉湖——"养生、养身、养心、养灵"的康养旅游目的地。

3)营销策略

(1)塑造品牌价值。活动、服务和旅游商品围绕蜜泉湖养生度假文旅品牌,进行开发和品牌营销。

（2）进行联合营销。联合进入地方城市旅游营销体系；联合景区、旅行社等，强强联合实现客源共享和经营互利。

（3）以活动制造热点。策划不同活动、话题热点，构建微博、微信、抖音等新媒体的营销网络，放大热点效应，保持市场热度。

（4）差异化营销。蜜泉湖旅游度假区旅游发展与周边景区变竞争为合作，立足自身特色差异营销，形成立体交叉的旅游市场营销格局。

4）营销推广

线上线下相结合、多渠道整合营销。

(1) 线上：进行自媒体宣传、渠道宣传、游客自媒体传播。

(2) 线下：地推宣传、硬广宣传、媒体宣传。

2. 节庆活动

承担区域文旅新样板的社会功能，并紧密结合场地空间特色，挖掘当地资源，凝练基地文化，提炼高辨识度、高趣味性、可感知、可体验的文化主题，策划一系列节庆、文化、民俗活动，形成四季可游可玩的旅游品牌，突出本地文化特色。

1月 小寒 大寒	年货美食节	2月 立春 雨水		3月 惊蛰 春分	健康体检节
4月 清明 谷雨	森林音乐会	5月 立夏 小满	运动嘉年华	6月 芒种 夏至	沙滩文化节
7月 小暑 大暑	研学夏令营	8月 立秋 处暑	星空站营节 啤酒音乐节	9月 白露 秋分	环湖自行车赛 环湖马拉松赛
10月 寒露 霜降	银发康养节	11月 立冬 小雪	摄影节	12月 大雪 冬至	三国文化论坛

节庆营销计划图

3. 夜游活动

本项目可以充分利用山、水、林、田、湖等资源，开发夜间旅游体验组合产品，满足度假区夜游需求，进而拉动景区娱乐、餐饮、住宿等配套消费的增长，打造白天与晚上双运营的营销模式。

三、建设成效

（一）产业兴旺

蜜泉湖旅游度假区的建设，顺应乡村振兴战略和健康中国战略，结合后疫情时代康养度假游、休闲旅游的发展趋势，充分对接武汉"1+8"城市圈旅游市场，依托规划区山、水、林、田、湖等乡村自然资源，深挖了三国文化、农耕文化及其他民俗文化，打造出集康养度假、生态观光、农渔休闲、户外运动、文化体验、教育研学、乡村美食于一体的华中康养旅游度假体验高地、武汉城市圈乡村微度假目的地。在发展旅游度假的同时,还带动嘉鱼县旅游产品升级。通过旅游发展建设提升乡村生活品质,以旅游提升人气,以新理念带动地方农产品向旅游产品转变,促进农村经济发展多元性,对推动农民增收、建设美丽乡村、传承乡村文明有重要作用。

(二)生态宜居

旅游项目的开展使得当地居民更加重视对生态环境的保护,同时多种植物景观的打造也使环境更加美丽和谐。项目贯彻湖泊生态保护的原则,通过在湖岸边设计滨水湿地景观带,种植多种水生植物,净化水质,修复生态环境,整体提升了蜜泉湖滨湖生态缓冲带,提升了周边土地价值。此外,在噪声污染、大气污染、建筑垃圾与固体废弃物处理方面采取的一系列管理措施也改善了当地的自然环境,提升了当地居民和游客的环境保护意识。规划地的米埠村地处流溪河畔,是良口镇的南大门,村域面积约10平方公里,白墙黛瓦的建筑排列整齐,与绿水农田相映成趣,而这些都是引入的莫干山精品民宿品牌打造的民宿群。

(三)乡风文明

项目的建设使得当地的三国文化得以弘扬,生态资源得以保护,农民文化生活更加丰富多彩,村民的精气神持续提升,乡村不断焕发文明新气象。据米埠村党支部书记、村委会主任介绍:旅游开发对村落环境整治很有帮助,通过外立面整治,米埠村现在的环境比以前好了很多;村民的收入和素质都得到了提高,乡村更美好和谐了。

(四)治理有效

景区开放后,现已成为华中地区旅游新亮点和必选目的地,是集生态康养、拓展团建、文旅观光、商务会议、亲子研学于一体的超大型多业态综合性旅游度假区,成为周边地区人们研学旅行、公司团建、结伴郊游的热门目的地。近年来,嘉鱼县营商环境好,招商政策优,吸引了一系列重大项目前来落户,尤其是老年康养项目,已成规模。此外,嘉鱼县已建成智慧养老平台项目,依托互联网、物联网、移动通信网等现代化技术,打造线上线下相结合的互联网居家养老服务新模式,子女网上点单,助老员接单后便可根据点单时间上门为老人服务,进一步满足了老人在生活照料、医疗照护、亲情关爱等方面的需求。米埠村通过政府引导和"公司+农民合作社+村民"发展模式,解决了企业和村民间资源不平衡、不信任的问题。

(五)生活富裕

蜜泉湖旅游度假区建成后为当地提供了大量的就业岗位,提升了就业机会,调动了周边闲置劳动力,以旅游塑造良好的就业环境,吸引更多专业人才,优化地方人才结构。随着项目旅游发展逐步稳定,地方财政收入也渐趋稳定,度假区充分发挥了"旅游+"的产业融合性,带动区域其他相关产业部门一起发展,促进了地方经济的整体发展。"项目启动以来,武汉'8+1'城市圈及湖南、江西等地的一些中老年人慕名而来,他们基本都会选择10晚或者20晚的中短期入住类型,我们的度假区还提供了一些体验项目,这就构建了一个优良的健康旅游疗养体系。"蜜泉湖总经理柯丽媛表示。

下篇

美丽乡村建设之村镇规划

村镇规划是指导村镇建设的依据,包括新建村镇的规划和原有村镇的改建、扩建规划。其基本任务为:确定村镇建设的发展方向和规模,合理组织村镇各建设项目的用地与布局,妥善安排建设项目的进程,以便科学地、有计划地进行农村现代化建设,满足农村居民日益增长的物质生活和文化生活需要。其主要内容为:遵循全域旅游、乡村振兴等战略方针,依托村镇的区位优势,整合村镇自然资源,以村镇文化为灵魂,将村镇打造成集农文旅于一体的特色乡村旅游目的地。

美丽乡村建设离不开村镇规划工作。《关于做好2023年全面推进乡村振兴重点工作的实施意见》提出要扎实推进宜居宜业和美乡村建设,其中首要强调了加强村庄规划建设。科学合理的村镇规划,能够为美丽乡村目标的最终实现奠定坚实的基础。同时,村镇规划水平直接关系到最终的村镇建设效果,关系到美丽乡村的建设结果。

村镇规划对于推进美丽乡村建设意义非凡。

第一,科学合理的村镇规划,能够实现村镇全新的面貌,进而带动村镇的全面发展。村镇内部的居民也能够更好地探寻到适合自身发展的项目,从而实现宜居的生活目标,进一步朝美丽乡村建设的目标靠近。

第二,科学合理的村镇规划,能够显著提升村镇内部居民的生活水平,居民的幸福感得到了大幅度提升,也会进一步推动美丽乡村建设。

第三,科学合理的村镇规划,能够使部分村镇重新进行集中布局,进而构成一个庞大的系统。在这个系统中,居民生活更加聚集,这便于对村镇进行统一的管理。

由此可见,成功的村镇规划建设活动,既是推动美丽乡村建设的重要基础,也是国家社会全面进步发展的重要推手。

案例 1

宜昌鸣凤镇北门村

——水乡花田·森林氧吧

规划区北门村位于湖北省宜昌市远安县城北郊区,东连张家垴村,南靠嫘祖社区,西接洪家村。该项目的总体理念是疏解县城功能,打造城市配套,利用一组区域的工厂、库房、民居,发展仓储物流、汽车服务;利用四组山丘资源,发展休闲运动、森林拓展;利用二、三组湿地资源、田园资源、民居资源,发展旅游休闲、美食夜宵、民宿度假。打好"雷竹牌""水乡牌""湿地牌",形成以雷竹产业为核心,以果蔬产业为配套,以水乡湿地旅游为抓手的"水乡花田·森林氧吧"乡村休闲旅游区。有效利用湿地文化、水电文化、军工文化和移民文化,深度植入"竹文化",打造"竹景观",延伸"竹产业",形成以水乡湿地为基底,处处可见竹元素的特色旅游村,成为产旅融合,以及宜居、宜业、宜游、宜养的国家乡村公园,成为远安县乡村振兴的龙头示范村,并争创湖北省乡村振兴示范点。该项目以"水乡花田·森林氧吧"为核心定位,打造农旅融合区、村落聚居区、三线历史建筑保护区和生态保护区四大主题区,构建"一廊七区"的空间布局。其中,"一廊"是指振兴走廊,"七区"分别是"雷竹+片区""果蔬+片区"、湿地公园片区、三峡水乡片区、民宿小镇片区、森林公园片区和军博园片区。该项目的亮点是村域景区化,以一个敞开式旅游景区的标准进行建设,实现村中有景、景中有村,既是村庄又是景区,建设荆楚宜居、宜业、宜游、宜养"四宜"美丽乡村。

一、项目背景

(一)乡村振兴解读

自然村落关键词——消亡。

新村建设关键词——千村一面。

乡村整体状况——有村无人,有地无产,有家无业。

乡村振兴是彻底解决以上痛点、实现美丽幸福乡村建设的万全之策。

(二)综合现状诊断

1. 北门村概况

北门村地处远安县城北郊区,东连张家垴村,南靠嫘祖社区,西接旧县镇安鹿村,北临洪家村。全村集体年收入30余万元,农民人均年纯收入13700元。

2. 区位交通分析

北门村区位优势明显,属于城郊村,村西以沮河为边界。对外交通便捷,有快舟大道从村中心穿过,另有两条入村通道与城区直接对接,由村进城需要5—10分钟。

3. 综合资源分析

1) 产业资源分析

(1) 一产较丰富:第一产业丰富,农林渔牧均有涉猎。

(2) 二产有基础:北门村看似没有直接的第二产业,但因城村交织,所以村域内一组区域还是有不少工矿企业。

(3) 三产正起步:以远安县全域旅游和三峡水乡景区建设为契机,北门村乡村旅游已经起步,并开始步入正轨。

2) 文化资源分析

传统的乡村文化、特殊的移民文化、自生的水电文化、宝贵的湿地文化、稀缺的军工文化。

3) 旅游资源分析

一景一园(三峡水乡景区和湿地公园)、一河一溪、一片青山、一片沃田、一汪绿水、一排奇洞。

4) 人口资源分析

北门村有1401户3083人,其中男性1478人、女性1605人。老龄化人口占总人口的16.7%,老龄化程度略低于全国平均水平(2017年底统计)。

4. 发展瓶颈

(1) 有区位缺地位。

(2) 有产业缺事业。

(3) 有人口缺人才。

(4) 有村庄缺村景。

(5) 有地盘缺土地。

(6) 有资源缺资金。

二、规划内容

(一) 发展战略定位

1. 总体发展思路

1) 村域景区化

北门村整体上以敞开式旅游景区的标准进行建设,要实现村中有景,景中有村,既是村庄又是景区的建设目标。

2) 风貌乡土化

北门村风貌必须保持原有的乡土气息,生产、生活和服务配套可以对标城镇,但整体风貌必须保持"土味"。

3) 道路功能化

将村内道路的功能进行拓展,实现"一道多能"。

4）居民专业化

将过去的普通村民变为有技术的职业农民，同时还是专业的旅游服务人员。

5）产业市场化

将生产与市场高度统一，实现为市场而生产的目标。

6）运作公司化

将全村当作一个综合公司来经营，全体村民共同创富，共同分享"公司红利"。同时，村内各个产业走公司化运作模式，村民入股或参股经营。

7）管理物业化

除去村党支部委员会、村民委员会的政务管理之外，全村事务管理走物业化管理模式。

2. 总体发展思路

疏解县城功能，打造城市配套，利用一组区域的工厂、库房、民居，发展仓储物流、汽车服务项目；利用四组区域的山丘资源，发展休闲运动、森林拓展项目；利用二、三组区域的湿地资源、田园资源、民居资源，发展旅游休闲、美食夜宵、民宿度假项目。

打好"雷竹牌""水乡牌""湿地牌"，形成以雷竹产业为核心，以果蔬产业为配套，以水乡湿地旅游为抓手的"水乡花田·森林氧吧"乡村休闲旅游区。

有效利用湿地文化、水电文化、军工文化和移民文化，深度植入"竹文化"，打造"竹景观"，延伸"竹产业"，形成以水乡湿地为基底，处处可见竹元素的特色旅游村，成为产旅融合，以及宜居、宜业、宜游、宜养的国家乡村公园，使北门村成为远安县乡村振兴的龙头示范村，并争取成为湖北省乡村振兴示范点。

（二）整体布局策划

1. 空间结构

北门村空间结构分为农旅融合区、村落聚居区、三线历史建筑保护区和生态保护区。

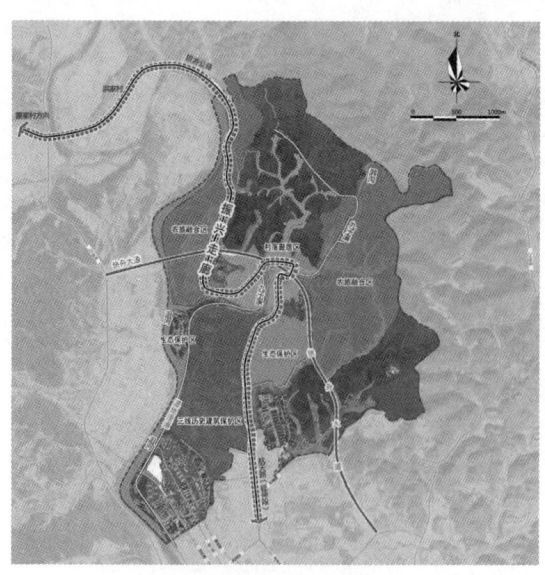

北门村空间结构图

2. 功能分区

按功能,可以分为"一廊七区"。

"一廊"指振兴走廊;"七区"分别是雷竹+片区、果蔬+片区、湿地公园片区、三峡水乡片区、民宿小镇片区、森林公园片区和军博园片区。

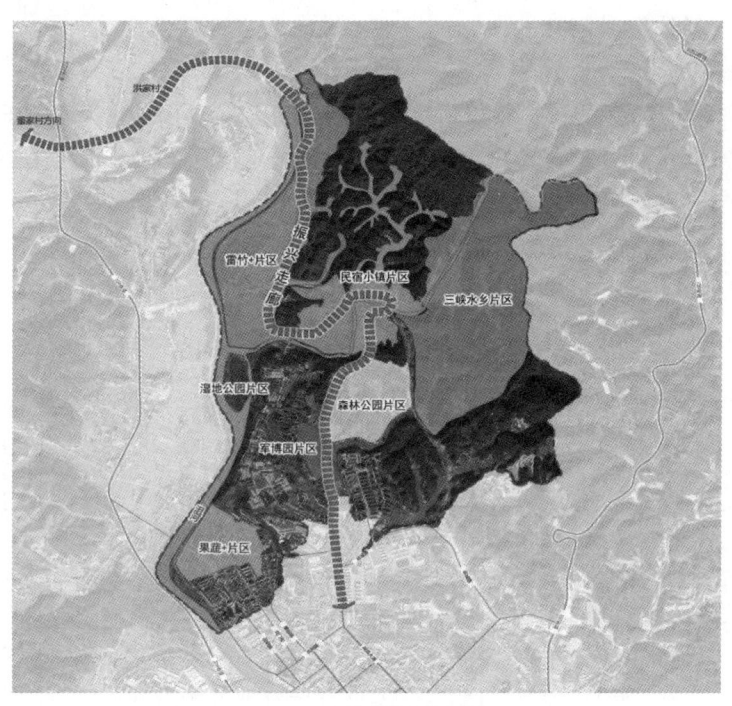

北门村功能分区图

3. 项目策划

1) 项目发力点

种好一片林,游好一条河,赏好一片花,走好一段路,乘好一条船,摘好一篮果,吃好一顿饭(食),睡好一晚觉(宿),解好一串谜(教),带回一车礼,办好一年节。

2) 项目策划

雷竹+片区、果蔬+片区、民宿小镇片区、三峡水乡片区、湿地公园片区、森林公园片区、军博园片区等。

(三)产业振兴规划

1. 产业现状问题

一产较丰富,二产有基础,三产正起步。

2. 北门路径探索

1) 北门路径七步走

第一步:靠特色产品做基础。

第二步:靠精深加工做价值。

第三步:靠技术创新做升级。

第四步:靠品牌营销做形象。

第五步:靠专业销售做市场。

第六步:靠文化创意做溢价。

第七步:靠农旅体验做消费。

2)北门模式富乡民

(1)政府主导:由远安县和鸣凤镇两级政府主导,用政策杠杆和土地杠杆总控全局。

(2)企业牵头:分别引入农业和旅游两家专业企业(旅游企业目前已有三峡水乡),并作为引擎,从技术实施角度拉动农业板块和旅游板块。

(3)合作社联动:成立乡村旅游合作社,制定生产规范,统一技术标准。

(4)全民参与:引擎企业、农业大户、零散小户,人人参与,互助帮扶。

3.产业融合线路

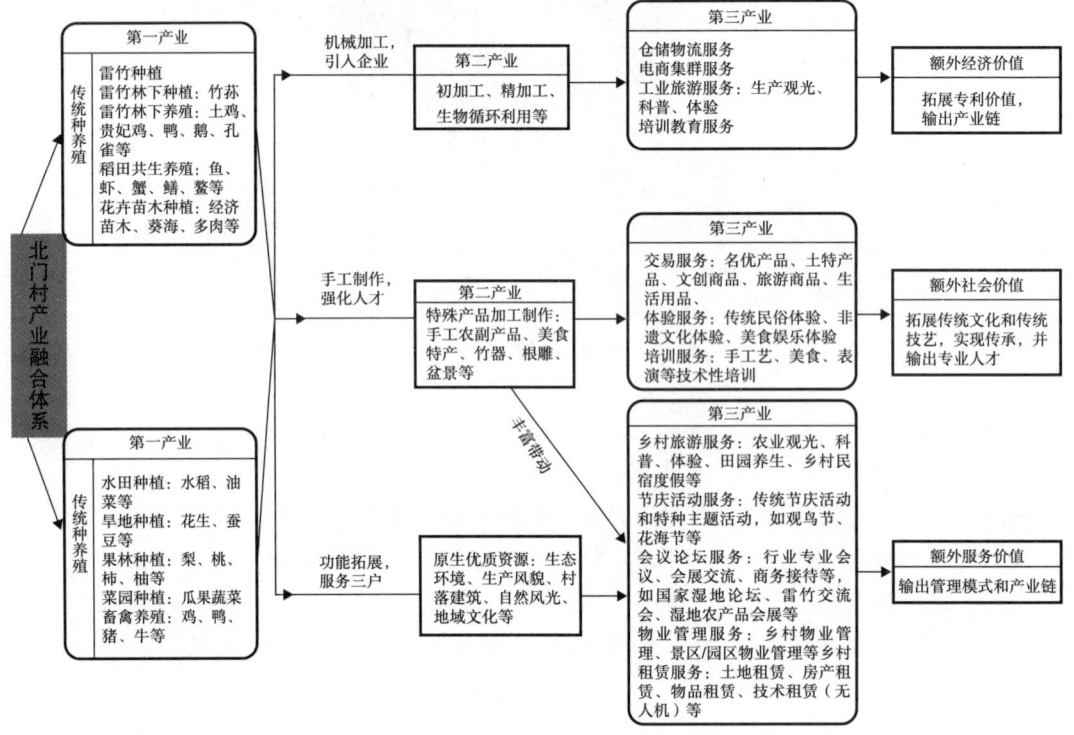

北门村产业融合体系

(四)人才振兴规划

1."三乡工程"

通过"完善自身建设,实现宜居、宜业;支持企业发展,强化产业引导;盘活资产资源,争取资金保障;开放人才通道,开展专业培训"等措施,实现"市民下乡、能人回乡、企业兴乡"。

2. 乡贤工程

在北门村乡村振兴战略的实施过程中,需吸纳更多乡贤,组成北门村"乡村振兴智囊团",引领北门村的发展。

3. 乡村振兴创客大赛

举办"远安县首届乡村振兴创客大赛",实现政府、乡村、企业与高校联动,盘活人才、资金、土地和产业,实现多方共赢。

(五)文化振兴规划

1. 乡村文化挖掘

北门村主要文化包括:传统的乡村文化、特殊的移民文化、自生的水电文化、宝贵的湿地文化、稀缺的军工文化。

2. 乡村建设规划

构建"居民+村庄"文化共同体、构建"产业+文化"共生体、构建乡村公共文化服务体系。

(六)生态振兴规划

1. 乡村生态现状

北门村大部分区域位于沮河国家湿地公园,其整体生态环境良好,拥有山、水、林、田等多种资源。

2. 生态建设规划

1) 建筑风貌改造

新建社区统一设计风貌;老旧村落由村镇造样板,村民效仿改造;三峡水乡景区充分展示水乡风、水电风、水利风(结合东干渠和知青文化)。

2) 基础设施提升

完善生活设施,提升生产设施,新增生态设施。

3) 村景美化

通过"以竹围村"实现"以竹美村",在房前屋后和道路两侧大量种植景观竹;在房前屋后和道路两侧,有序种植果树和有色林木,再现多层次村景和多色调村景,配以野花、野草营造乡村之野趣。村域内的景观小品、休憩设施和部分公共服务设施配套,以"竹"为主题元素进行打造。

4) 夜景亮化

夜景亮化分为常规亮化和功能亮化。常规亮化主要是节能路灯的总体布局,保证公共区域不留黑;功能亮化主要是打造灯光夜景,节假日还可开展灯光秀活动。

5) 农景打造

通过大地种植区块的设计和有色农作物的搭配,营造"有色块、有层次、有形状"的大地农景。

6) 水景提升

围绕堰塘水体、小溪驳岸展开生态修复工程,利用自然石材、木头对驳岸进行改造,增加亲水平台和休闲设施的数量。

(七)村庄统筹规划

1."三生"空间规划

(1)生活空间:一组居住区、沿路居住区、九子溪居住区。

(2)生产空间:一组工业区,一组果蔬区,二组、三组农业区,四组工矿区。

(3)生态空间:沮河湿地区,九子溪湿地区,二组、三组、四组森林区。

通过三大空间为居民提供良好的人居环境,为乡村旅游、休闲农业、健康养生等第三产业的健康良性发展奠定基础。

2.居民点调控

居民点调控主要是"一片两带"结构。

1)"一片"

城区一组区域围绕"蔬果农场乐园"形成片状居住点,主要依靠县城的基础配套。

2)"两带"

(1)九子溪居住带:围绕九子溪形成带状居住点,进行北门村公共服务组群建设、九子溪民宿小镇建设、沮河国家湿地公园建设和三峡水乡景区建设。

(2)沿路居住带:围绕村域内的快舟大道和旅游公路,形成沿路居住带,以还建的特色新村和改造的美丽乡村为主。

三、建设成效

(一)产业兴旺

在产业发展方面,北门村引导村民利用屋后坡、房前田,发展"家庭农场""采摘园"等休闲农业,并引入市场主体参与开发,形成"农户+合作社+企业"的发展模式。目前,北门村投资280余万元建设的雷竹加工储存厂房和农产品集散中心已投入使用,雷竹种植面积达800亩,打造出"湿地雷竹"品牌。果蔬种植面积达500亩,"雷竹+果蔬"特色农业粗具规模。投资500余万元建设的九子溪特色民宿游客中心项目已竣工验收并移交市场主体运营,通过惠游湖北活动累计为辖区景点输送游客6.5万人次。举办多场次农旅融合产业培训,绘制旅游特色村全域导览图,提标改造三峡水乡等景区,"大锅炖"等旅游品牌名气持续提升,助推农旅产业融合发展,推进乡村振兴步伐。

(二)生态宜居

北门村在大力发展农旅融合产业的过程中,注重保护"绿水青山",留住"金山银山"。全域推进人居环境整治行动,清除生活垃圾及废弃物;全面开展"清白"行动,实施垃圾分类;全面落实河库长制,强力开展"清四乱"专项行动,使村域生态环境质量大幅提升。在"细小微实"方面下足功夫,全力扮靓"村容户貌",将全村生态底色进一步擦亮。

近两年来,北门村高投资高标准建设配套水电路气网等现代基础设施,打造拥有"看得见的山水""记得住的乡愁"的生态宜居村庄,引领全村特色农房建设。这些农房,采取政府统一规划、村民自主还建的方式修建,建筑风格传承远安文脉,融入现代功能,形成了"双顶双坡四出檐,脊翘梁挑本土色"的远安农房特色。九子溪小区就是近两年北门村承接人口梯次转移,按照"共建共享"原则因地制宜打造的美丽家园。

(三)乡风文明

为提升村民素养和乡村形象,北门村坚持文明培育全覆盖,每月组织召开户主会,落实干部包户工作,让《宜昌市文明行为促进条例》《文明远安25条(试行)》内化于心、外化于行。全域高标准建立新时代文明实践站(所),开展环境保护、科普宣传、医疗健康、文明出行、市民教育、反电诈宣传等方面的志愿服务活动100余场,群众认可度高和参与率高。推进传统节日振兴工程,让"我们的节日"走进小区、走向居民。

(四)治理有效

2020年,远安县入选全国首批水系连通及水美乡村建设试点县,其中,鸣凤镇北门村九子溪是水美居示范点。北门村将创建全国文明城市与完善城市基础配套设施紧密结合起来,不断提高城市承载能力、提升城市整体形象。以"五大会战"为重点,合力攻坚,下足"绣花功夫",推动各项创建措施落细、落小、落实,让群众得到实惠、享受实惠,不断增强群众的获得感,提升群众的满意度,使百姓的幸福指数随着文明城市创建进程不断提升。

(五)生活富裕

北门村在实现高质量绿色发展的同时,增进了民生福祉。通过发展绿色产业和休闲农业,做靓"颜值"工程,实现景美民富。全村10个示范户引导带动60余户村民从事民宿、农家乐、农事体验园等产业,村集体年收入超过50万元。

案例2

荆州八岭山镇太平村
——荆楚太平地·又见故乡情

规划区位于荆州市荆州区八岭山镇中西部,西接金家湖水库,东紧邻八岭山国家森林公园景区。该项目的总体理念是顺应国家乡村振兴战略,结合后疫情时代休闲旅游发展趋势,充分对接荆州市休闲乡村旅游市场,依托太平村湖、林、田、水等乡村自然资源,深挖荆楚文化、书法文化及其他民俗文化,通过美丽乡村建设改善乡村人居环境,以完善农村公共服务体系为基础,以文创艺术为切入点,以多元化主题旅游为导引,引入相关经济产业,做好休闲旅游文章,塑造人们心中最富情怀的原乡回归地,打造集生态田园度假、文化创意、农业体验、休闲游乐、乡村美食、教育研学功能于一体的荆州近郊乡村微度假目的地、荆州城市郊野文创村。该项目以"荆楚太平地·又见故乡情"为核心定位,形成"一心·双湖·两绿廊·两翼·三核·多节点"的空间布局形态,其中,"一心"为综合服务中心;"双湖"为金家湖水库、仙南水库;"两绿廊"为荆当楚道景观廊、花新生态景观廊;"两翼"为文化休闲翼、原乡田园翼;"三核"为水韵乐园(乡趣)——生态休闲体验基地、荆楚艺社(乡艺)——荆楚艺术体验基地、阡陌田园(乡教)——原乡田园体验基地;"多节点",鲜乡人家(乡味)、农事市集(乡市)、稻香雅苑(乡居)。该项目的亮点是以生态为基底、文化为核心、农业为支撑、田园为特色,整体以"又见故乡"为主题,差异化打造荆楚休闲微度假目的地、荆楚城市郊野文创村。结合村庄自然线型特征和村湾节点分布,形成"一村一品,一湾一境"的主题开发模式。

一、项目背景

(一)宏观背景

《"十四五"推进农业农村现代化规划》提出,优化乡村休闲旅游业,建设乡村旅游重点村镇;助力乡村旅游体系构建、特色旅游片区打造、乡村旅游品牌培育、乡村旅游要素创新。

(二)区位条件

1. 地理区位

太平村位于荆州市荆州区八岭山镇中西部,西接金家湖水库,东紧邻八岭山国家森林公园景区,此外,项目距离荆州古城历史文化旅游区、楚王车马阵景区、荆州方特等半个小时车程,地理位置良好。

2.交通区位

荆当旅游公路、花新线贯穿村域南北,南侧紧邻沪渝高速出口,沪渝高速接荆当旅游公路,距离荆当游客集散中心(规划)仅2.5公里,具备成为荆当旅游第一站的基础条件,拥有较好的长线交通辐射能力。

(三)资源条件

1.基地特性

项目地资源分布特征:民房线性环绕,节点散布,一湾一境,风光各异。

2.旅游资源分析

规划区内旅游资源包括7个主类11个亚类20种基本类型。规划区内自然资源以山、水、林、田、果等为主,乡村自然资源特征较为典型。人文资源以地方文脉习俗等为主。

规划区内旅游资源单体等级不高,优良级旅游资源以三级为主,主要有仙南水库、太平岭观景平台、仙女寺、马野书法展四个。

3.核心资源

(1)山。登高望远——太平村制高点。

(2)水。水光潋滟晴方好——村域东侧仙南水库。

(3)林。叠叠重重翡翠屏——村域东侧树林茂密。

(4)田。绿波春浪满前陂——村域西侧以稻田为主。

(5)果。橙黄橘绿时——村域内现有橙园。

4.基地文化特性

挥毫如流星,太平村是著名书法家马野的家乡,以马野先生为依托,以书法工作室为载体,打造艺术文创旅游的爆点。

5.区域文化特性

(1)非遗:马山民歌、荆河戏、铅锡刻镂技艺、漆器髹饰技艺等。

(2)民俗文化:荆州花鼓、鼓盆歌、说鼓子等。

(3)特色美食:"三全"宴、粉蒸青鱼等。

(四)客源市场

1.市场环境分析——荆州市旅游市场

疫情后,旅游业实现快速回春,荆州市旅游业市场存在巨大的潜力。

2.专项市场分析——乡村旅游和休闲农业

休闲农业乡村旅游接待量将稳步增长,山清水秀、生态优美的乡村比以往任何时候都更具吸引力。

3.专项市场分析——文化休闲旅游

文化休闲消费成为居民出游的重要组成部分,文化创意产业发展迅速。

4. 竞合市场分析——荆州区竞合市场

荆州区文创艺术类项目缺失,太平村可以依托本地资源打造"文创+旅游"乡村旅游目的地,抢占市场先机。

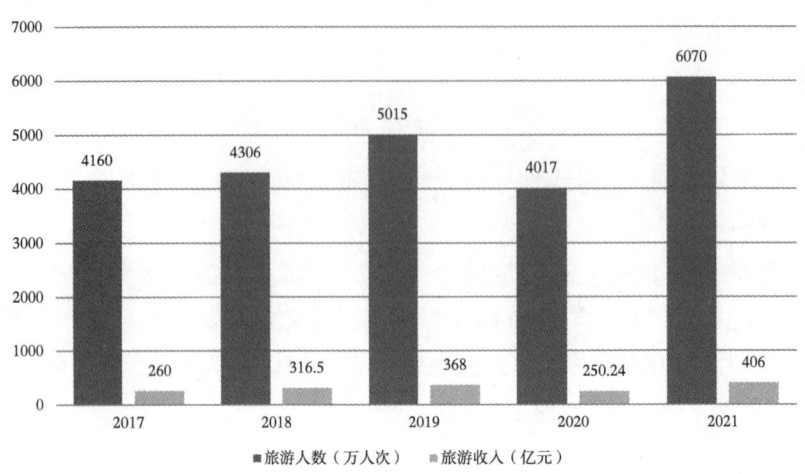

荆州市旅游市场统计图

5. 游客量预测

根据相关数据进行预测,整个项目发展成熟后(2030年),规划区游客量将达到14.88万人次,暂且按15万计算。一年中的高峰期按100天(节假日)计算,高峰期游客量占全年的80%,高峰期日平均游客量约为1200人次。

二、规划内容

(一)发展定位

1. 规划理念

整体以"又见故乡"为主题,差异化打造荆楚休闲微度假目的地、荆楚城市郊野文创村。结合村庄自然线型特征和村湾节点分布,形成"一村一品,一湾一境"的主题开发模式。

2. 总体定位

充分对接荆州市休闲乡村旅游市场,依托太平村湖、林、田、水等乡村自然资源,深挖荆楚文化、书法文化及其他民俗文化,通过美丽乡村建设改善乡村人居环境,完善农村公共服务体系,以文创艺术为切入点,以多元化主题旅游为导引,引入相关经济产业,做好休闲文章,塑造人们心中最富情怀的原乡回归地,打造集生态田园度假、文化创意、农业体验、田园休闲游乐、乡村美食、教育研学功能于一体的荆州近郊乡村微度假目的地、荆州城市郊野文创村。

3. 功能定位

打造休闲养生、运动养身、文化养灵、娱乐养心体验于一体的乡村微度假目的地、城市郊野文创村。

4. 产业定位

"三产"融合、"三生"共融、产村互动。连接都市、生活与农业，以太平村水稻、油菜及果木种植为一产，以蔬果及果木产品加工、手工制品及衍生纪念品为二产，以旅游观光、田园休闲度假为三产，实现"三产"融合，农村生态、农业生产、农民生活"三生"共荣，打造"产、村、人、憩"互动的乡村旅游示范区，实现一产突出、二产强化、三产优化。

5. 形象定位

1) 形象定位

荆楚太平地·又见故乡情。

2) 宣传口号

书香太平，又见故乡。

清渝水乡，旷野太平。

6. 目标愿景

湖北省旅游名村、湖北省乡村振兴示范村、荆州市中小学生校外教育实践基地。

7. 市场定位

1) 客群结构

（1）三大类型：亲子客群、中老年客群、情侣客群。

（2）三大来源：基础客源市场、目标客源市场、机会客源市场。

2) 客源市场

太平村客源市场

（二）总体规划

1. 规划结构

规划结构为"一心·双湖·两绿廊·两翼·三核·多节点"。

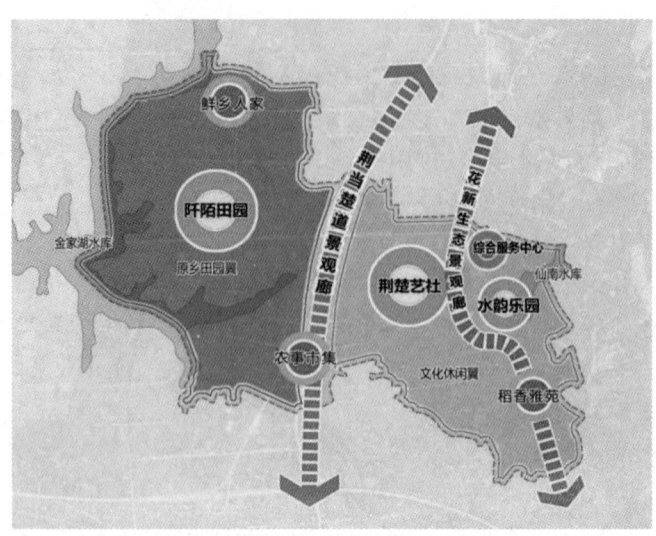

太平村平面布局图

"一心":综合服务中心。

"双湖":金家湖水库、仙南水库。

"两绿廊":荆当楚道景观廊、花新生态景观廊。

"两翼":文化休闲翼、原乡田园翼。

"三核":水韵乐园(乡趣)——生态休闲体验基地、荆楚艺社(乡艺)——荆楚艺术体验基地、阡陌田园(乡教)——原乡田园体验基地。

"多节点":乡村多元配套节点,鲜乡人家(乡味)、农事市集(乡市)、稻香雅苑(乡居)。

2.产品体系

1)产品结构理念——全面布局、三核聚流

利用现有场地资源,因地制宜地设置"又见故乡"系列体验项目和文旅产品。

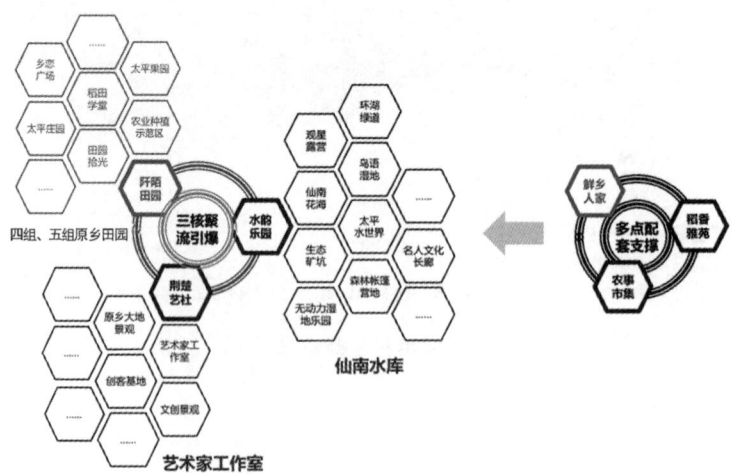

太平村产品结构理念

2) 产品体系

"3+3"功能板块,多样化的产品体系构建。

太平村产品体系

3. 总平面图

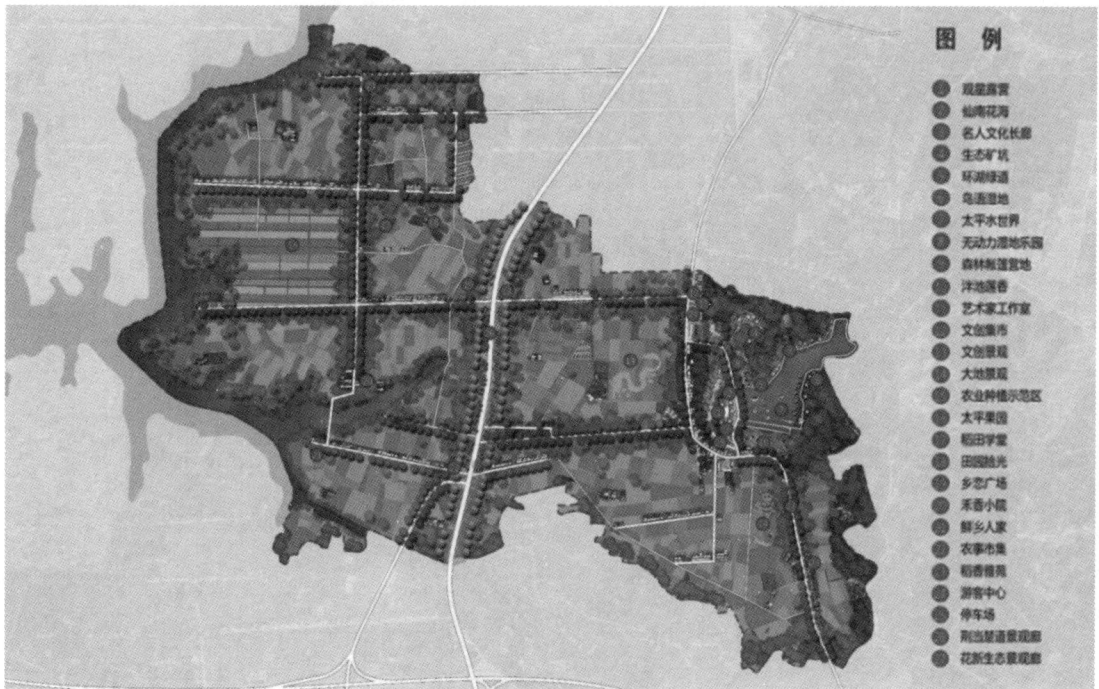

太平村总平面图

4. 项目策划

1)"三核"

(1)六组——水韵乐园(乡趣)。

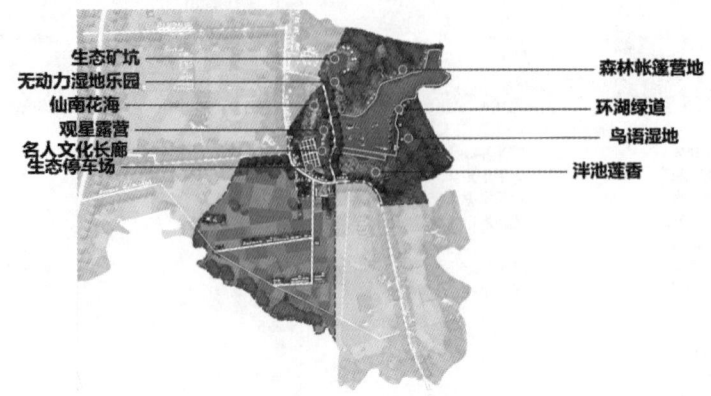

太平村分区策划图1

(2)三组——荆楚艺社(乡艺)。

太平村分区策划图2

(3)四组、五组——阡陌田园(乡教)。

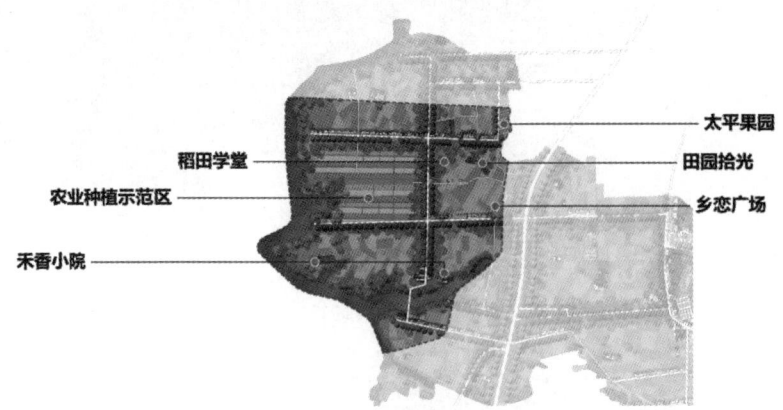

太平村分区策划图3

2)"多节点"

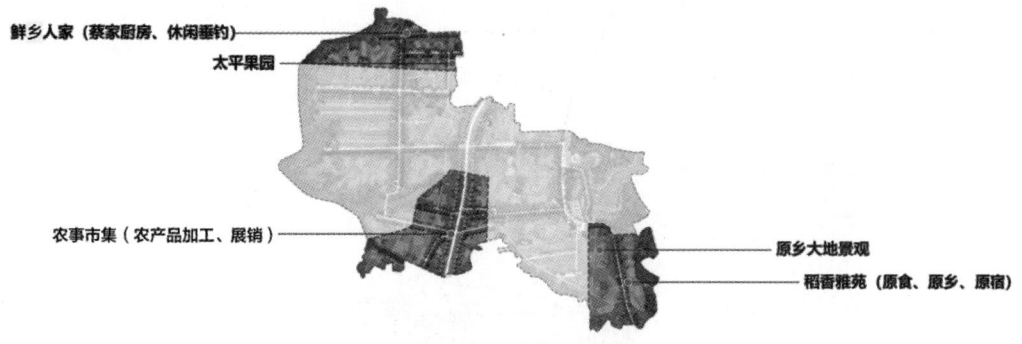

太平村分区策划图4

3)"一心两廊"

"一心":综合服务中心。

"两廊":荆当楚道景观廊、花新生态景观廊。

(三)旅游要素规划

1. 食

塑造"尝太平,常太平"的美食新名片。

2. 住

在文化休闲翼打造稻香雅苑住宿集聚区。打造一个亲近自然的营地、一个滨水主题的小院、一个森林主题的民宿和多个原乡主题民宿。

3. 行

游客开车可通过花新线和荆当旅游公路直达游客中心停车场和由民兵训练场改造的停车场,进入景区后可以通过租赁共享单车畅游乡野,放松身心。

4. 游

根据太平村旅游资源的分布特征和产品的布局,推出三大主题旅游线路,为不同需求的游客提供多类型、多主题特色的旅游线路。三大主题旅游线路包括乡村休闲游、田园主题游和亲子研学游。

5. 购

以打造特色文创商品和提供便利购物设施为重点。

6. 娱

1)游乐项目

游乐项目主要集中于水韵乐园、荆楚艺社和阡陌田园。

2)节庆活动

定期举办艺术展会、稻田表演、星空露营节等盛会。

(四)游线规划

1. 内部游线

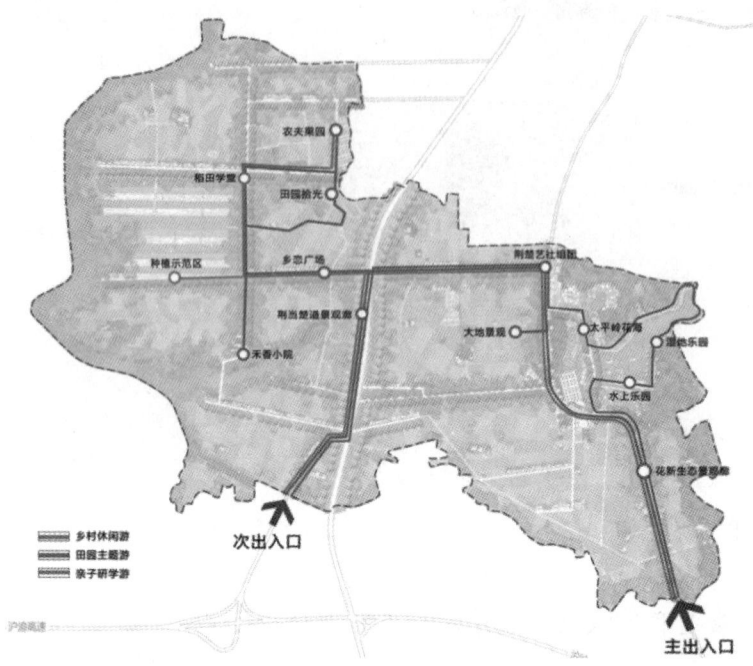

太平村内部游线

2. 区域游线

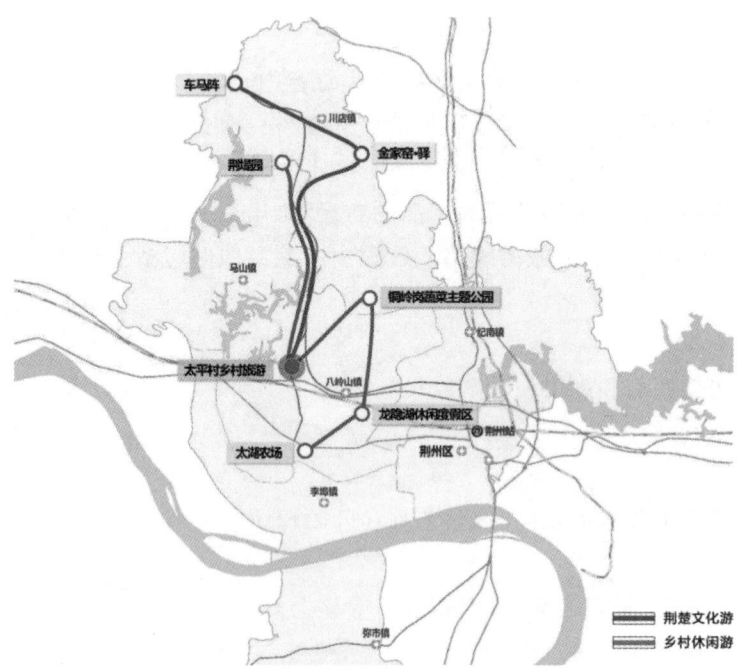

太平村区域游线

（五）绿地景观规划

1. 景观规划结构

景观规划结构为"两廊三区九景"。

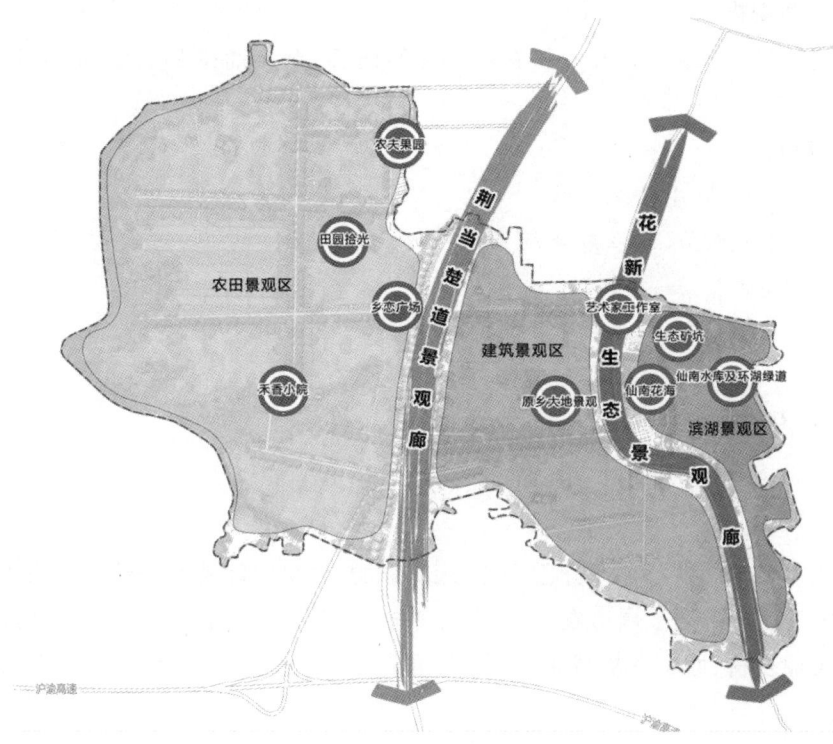

太平村景观规划结构图

2. 绿地系统规划

太平村乡村旅游以当地特色农作物（水稻等）及本地植被花卉（梅花、桂花等）为绿化首选，辅助以各类果树和其他观赏性植被。

3. 建筑风貌规划

太平村建筑风貌改造以"传统与再生"为理念，以突出荆楚建筑的"干栏文化"特色和木结构特色的方式进行整体改造。

（六）活动营销规划

1. 市场营销

1）文旅形象策划

"荆楚太平地·又见故乡情"，营造"重返故乡"的田园休闲地。

2）营销策略

塑造品牌价值，进行联合营销，以活动制造热点，差异化营销。

3）营销方式

多平台整合,强化营销效果。

2. 节庆活动

1）节庆活动安排

结合传统节日、当地历史人文和农耕文化等内容,全年铺排节庆活动,持续提升区域热度。

2）活动策划

春季——油菜花节、书法艺术节。

夏季——星空露营节、研学夏令营。

秋季——农民丰收节。

冬季——年货美食节。

三、建设成效

（一）产业兴旺

太平村致力于发展生态环保特色产业,施农家肥、以泉水浇灌的红柚园成为当地特色经济。红柚园的发展还带动了周边农家乐、观光采摘等旅游产业,有效推动了当地经济社会的发展。共建美丽乡村,共享发展成果,不仅带动了太平村村民的就业增收,也引领了全村农旅产业的发展。

（二）生态宜居

为赋废矿山以新的生命,太平村推进矿山生态修复工程,根据治理点的地质环境、生态环境和地理位置、利用规划的特点等,通过矿山修复综合治理工程,改善修复治理区地质环境和生态环境,美化矿区及周边的环境,整理废弃地,清理碎石块,提升绿化水平,改善生态环境。

太平村持续推进"四好农村路"建设,还新建停车场、交通公厕,极大地改善了村民的生产生活条件,为乡村振兴提供了新助力,群众获得感、幸福感进一步提升,"四好农村路"真正变成了村民的"幸福路"。

（三）乡风文明

荆州市文旅局持续以送文体活动下乡、志愿服务等不同形式深入基层,开展多种形式文体惠民活动,真正做到了将文化惠民工程贴近群众、深入乡村,引导村民形成积极向上的乡村文明新风尚,营造良好乡村文化氛围。太平村充分运用新时代文明实践站所,切实提升服务水平,丰富村民文化生活、推进移风易俗、积极开展志愿服务,贴近群众生活、走进群众心里,夯实乡村精神文明建设基础。通过开展切合实际的创建活动,引导更多村民讲文明、树新风,不断提升群众道德素养,让孝文化深入人心,塑造乡村风尚之美、人文之美。

在道路建设过程中,太平村充分征求当地村民的意见,健全爱路护路的村规民约,广泛动员农村劳动力尤其是脱贫人口,开设公益性岗位,让村民充分参与到农村小型交通基础设施建设和日常养护管理中,形成共建、共治、共享的农村公路建管养共识。

(四)治理有效

太平村通过党建引领、政策宣传,充分发挥党组织在农村农业社会化服务和发展壮大村集体经济方面的积极作用,实施各项帮扶措施,成立了农机服务专业合作社。通过聚焦"多元需求",健全政策支撑,探索实施多种农业社会化服务,既壮大了村集体经济,又切实增强了人民群众的获得感、幸福感、安全感。

(五)生活富裕

太平村开展"就业直通车"活动,为务工人员和用工企业提供有质量、有温度、有情怀的就业服务,精准帮扶务工人员,对接企业就地就近就业,开展技能培训,增强从业能力,针对有创业担保贷款需求的市场主体,提供就业登记服务和申报资料整理指导。

积极支持"楚都园艺工"劳务品牌企业,培育具有地域特色的"楚都园艺工",鼓励品牌关联企业做大做强,形成规模效应,带动更多的劳动者就业创业,帮助从业人员增产增收。同时,充分发挥典型示范和带动作用,大力宣传产业发展中涌现出来的致富带头人、技术能手、返乡创业就业能人等模范形象,不断提升荆州区"楚都园艺工"劳务品牌的知名度,推动全社会树立"技能就业、品牌劳务"的理念,引导更多村户发家致富,吸引更多外出务工人员返乡创业。

案例3

洪湖乌林镇青瓦坊民俗旅游村

——原味青瓦坊·浪漫李桥村

规划区位于洪湖市乌林镇李桥村,距武汉中心城区仅120公里、约2小时车程,地理位置良好。该项目的总体理念是以乌林镇旅游发展为契机,以李桥村深厚的民俗文化、农耕文化及三国历史文化为灵魂,以青瓦坊民俗文化发展为切入点,以樱花为主要植物进行景观绿化,依托区域优美的田园风光与悦兮半岛等周边旅游项目强大的客源拉动能力,因地制宜,结合实际,发展集民俗文化展示、产业化示范、参观培训、成果输出、农业休闲观光、赏花旅游、农产品食疗养生、休闲驿站服务、农业知识科普等于一体的洪湖乡村旅游典范——李桥青瓦坊民俗旅游村、洪湖樱花第一村。该项目以李桥青瓦坊民俗旅游村为核心定位,以"原味青瓦坊·浪漫李桥村"为主题形象,形成了"一心一轴三片区"的空间布局,其中,"一心"为青瓦坊民俗旅游中心;"一轴"为民主河景观轴线,在民主河汇入蔡家河处筑坝蓄水,对河道两侧驳岸进行景观整治,大面积种植樱花,打造特色景观轴线;"三片区"分别为乡村旅游片区、产业观光片区、滨水休闲片区。该项目的亮点是以李桥村传统农业文化为源头,诠释农业文化精髓,打造农业新亮点、新创意。将全区打造成一个完整的休闲农业园区,实现种植、生产、加工、消费、售卖、赏花、休闲旅游等一体化,使项目成为环保、低碳、循环的休闲农业示范。

一、项目背景

(一)发展条件分析

1. 项目发展背景

洪湖市被认定为全国休闲农业与乡村旅游示范县,为本项目发展带来了新的发展机遇。李桥村于2017年入选湖北省年度美丽乡村建设试点村,这为该项目带来直接的政策支持和资金扶持。

2. 区位交通条件

本项目位于洪湖市乌林镇李桥村,距武汉中心城区仅120公里、约2小时车程,地理位置良好。103省道、名流大道(四环路)(一级公路)、武监高速、江北高速等主干道贯穿规划区,交通便利。

3. 土地使用概况

大面积的鱼塘和耕地,为本项目提供了良好的景观资源。

4. 资源禀赋

1) 自然资源

良好的自然资源景观,为本项目提供了较好的发展资源和发展条件。

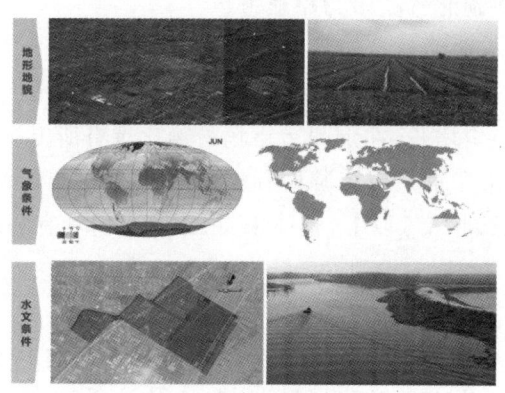

李桥村自然资源图

2) 人文资源

(1) 建筑设施:东南部区域有少量古老土砖建筑。

(2) 民俗文化:规划区目前保有大量农耕器具;春节习俗包括玩彩船、舞狮、舞龙、闹元宵等活动。

(3) 历史事件:革命战争时期,中国共产党在湖北省洪湖地区创建了革命根据地,属湘鄂西革命根据地的一部分,其红色文化内涵深厚。

5. 周边项目

本项目位于洪湖市乌林镇,周边旅游已有一定的发展基础,主要景区景点包括悦兮半岛国际温泉度假村、瞿家湾镇、蓝田生态旅游风景区,可以吸引周边客源,极大地促进李桥村乡村旅游的发展。

6. 发展条件小结

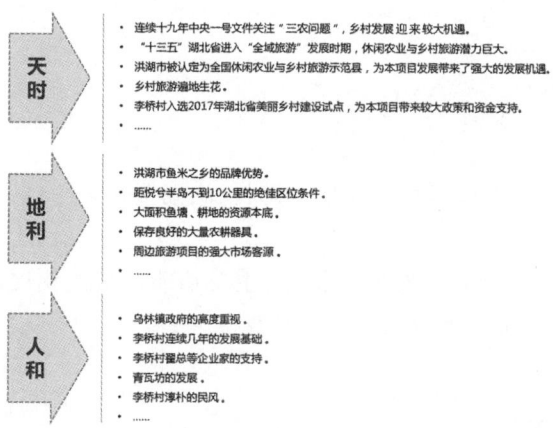

李桥村发展条件小结图

(二)旅游市场分析

1. 市场环境分析

1) 荆州市旅游发展在湖北省竞争力略显逊色

2011—2015年,荆州市旅游接待量约占湖北省的5%,总体比重有所增长。旅游收入约占湖北省的4%。

2) 洪湖市旅游市场稳定增长,在荆州市市场份额比重有所上升

2011—2015年,洪湖市和荆州市旅游均有较大发展,洪湖市旅游接待量和旅游收入占荆州市的比重均从11%增长到13%以上,整体来看,旅游市场具有一定的潜力。

2. 专项市场分析

1) 周末休闲市场

周末需求爆发,年增长率高达500%,主要出游半径为周边10公里;每周都出游占比为23%,每两周出游一次占比为43%,渐成高频消费,人均消费270元。

2) 自驾游市场

自驾已成为游客到达景区的主要方式,占景区接待游客总量的75%。

3. 市场定位

1) 游客结构定位

(1) 需求类型:城市居民乡村休闲、悦兮半岛分流游客。

(2) 客源组成:以家庭游客为主,个体游客与团体游客为辅。

(3) 出游方式:自驾游。

2) 客源市场定位

(1) 一级市场:洪湖市及悦兮半岛分流游客。

(2) 二级市场:武汉市。

(3) 三级市场:武汉"1+8"城市圈。

二、规划内容

(一)发展定位

1. 总体定位

洪湖乡村旅游典范——李桥青瓦坊民俗旅游村、洪湖樱花第一村。

2. 功能定位

以李桥村乡村旅游与休闲农业发展为核心,主要功能包括文化展示、田园观光、农事体验、休闲娱乐、餐饮住宿、人才孵化、农业生产、赏花摄影等。

3. 形象定位

原味青瓦坊·浪漫李桥村。

李桥——洪湖樱花第一村;李桥——让城市更向往。

（二）布局与项目策划

1. 空间布局

空间布局为"一心一轴三片区"。

（1）"一心"：青瓦坊民俗旅游中心。

（2）"一轴"：民主河景观轴线。在民主河汇入蔡家河处筑坝蓄水、对河道两侧驳岸进行景观整治，大面积种植樱花，打造特色景观轴线。

（3）"三片区"：乡村旅游片区、产业观光片区、滨水休闲片区。

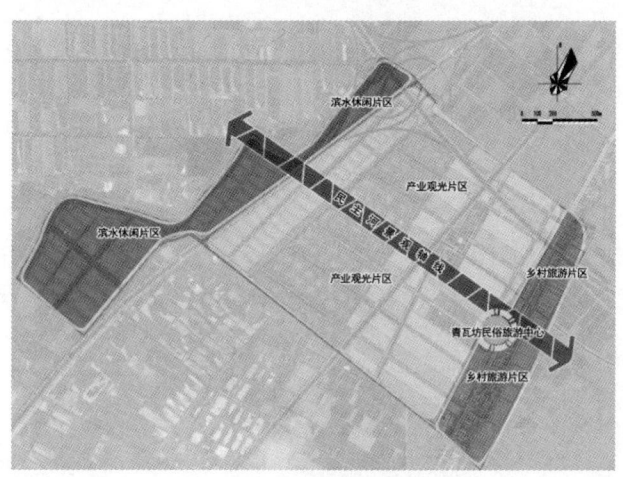

李桥村空间布局图

2. 功能分区

按不同项目类型及布局，李桥村乡村旅游发展形成"六个李桥"的功能分区，分别为：李桥风情服务区、李桥人家体验区、李桥田园观光区、李桥渔场休闲区、李桥溪畔赏花区、李桥河畔慢活区。

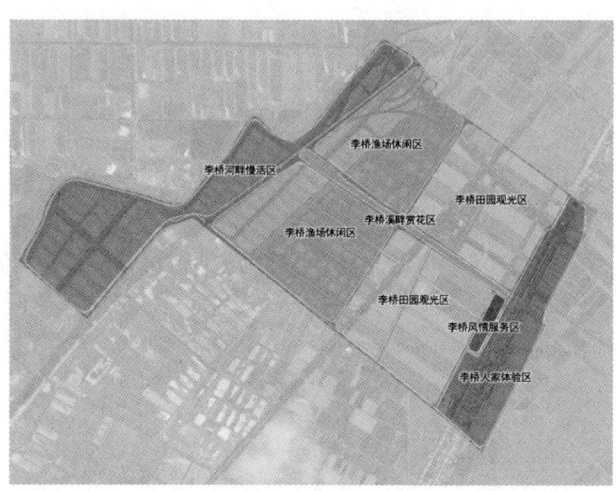

李桥村功能分区图

3. 项目策划

1) 李桥风情服务区

(1) 选址：位于村委会西侧。

(2) 策划思路：在青瓦坊的基础上，对周边地块进行开发建设，将此区域打造成为李桥村乡村旅游的综合服务区域，主要功能包括旅游服务、活动举办、文化展示、餐饮住宿、商务会议等。

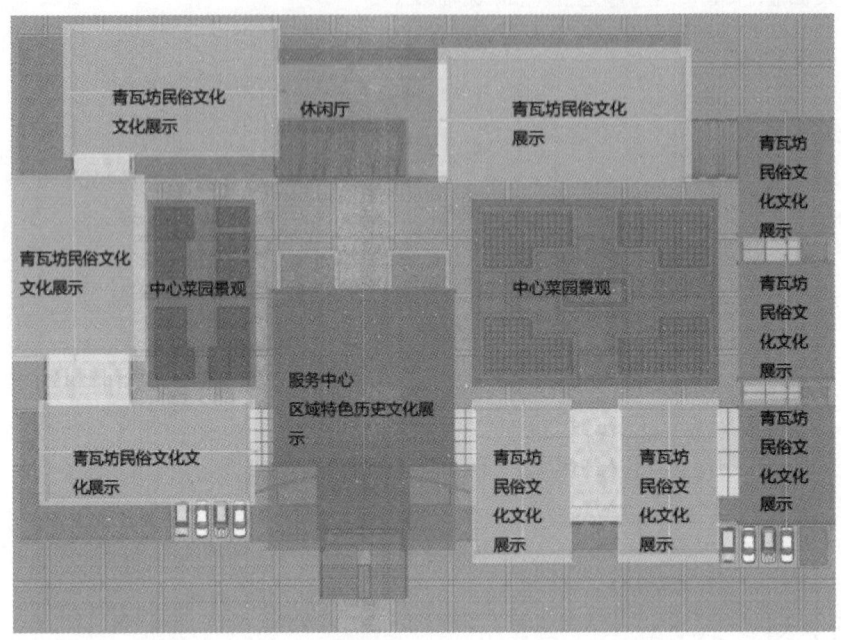

李桥村风情服务区规划图

2) 李桥人家体验区

(1) 选址：李桥村居民点及其东侧区域。

(2) 策划思路：充分挖掘李桥村文化元素，结合美丽乡村建设，发展乡村旅游新业态，打造集美丽乡村建设、文化展示、民俗体验、休闲购物、餐饮住宿等功能于一体的乡村休闲区。

3) 李桥田园观光区

(1) 选址：李桥村居民点以西的农田区域。

(2) 策划思路：本区域主要通过营造大色块大田园的景观效果，为乡村旅游增添色彩，同时根据农业产业的季节性策划相应的旅游产品，如农民艺术产业园、乡村游乐园等。

4) 李桥渔场休闲区

(1) 选址：李桥田园与武监高速之间鱼塘。

(2) 策划思路：在大面积鱼塘与莲藕汤产业生产的基础上，融入相关景观元素，为游客提供休闲观光摄影的场所。

5）李桥溪畔赏花区

（1）选址：民主河两岸。

（2）策划思路：在民主河汇入蔡家河处筑坝蓄水、对河道两侧驳岸进行景观整治，打造特色景观区域，同时修建码头、亲水栈道等亲水设施，为游客提供亲水休闲的场所。

6）李桥河畔慢活区

（1）选址：武监高速以西区域。

（2）策划思路：本区域位于武监高速和蔡家河之间，是一块独立的区域，规划利用本区域独立且水域风光优美的地理及资源特性，打造汽车旅馆及船屋营地等项目，为都市游客提供静养身心的场所。

4．活动策划

李桥村结合实际情况，策划大量乡村旅游活动，短时间内聚集大量客源，增加知名度，以最小的投入获取最大的效益。

李桥村活动策划图

5．夜游策划

主要夜游项目包括元宵龙灯会、夜话李桥村、渔乐美食街、船屋露营等。

（三）产业规划

1．产业体系规划

根据不同行业对经济发展的作用，构建"1＋2＋3"产业体系，擦亮"洪湖樱花第一村"和"洪湖鱼米之乡"两张形象名片，构建李桥村产业发展品牌形象。

"1+2+3"产业联动发展模式

1——第一产业	2——第二产业	3——第三产业	产业联动发展
·精准农业、有机农业。 ·采取"公司+土地+农户"模式,促进土地规模经营。 ·优化升级:发展优势农业产业,实现现代农业升级优化,形成专业化、科技化、规范化农业体系。	·农产品加工制造、宜达饲料等。 ·将农业产业链进行延长,开发前后沿产品,实现产供销、种养加一体化。	·旅游业、文化产业、综合服务业、休闲养生产业、商务服务业…… ·错位竞争:文化的复兴与崛起,以特色文化和表达方式为突破口,实现错位竞争优势。	·第一产业与第二产业、第三产业的联动发展,三核驱动推动地区产业升级。 ·全面统筹:以旅游为带动产业,农业、加工制造业为支撑产业,其他产业融合发展,互为辅助,形成"1+2+3"产业联动发展模式。

李桥村产业体系图

2. 核心产业规划

1) 第一产业

李桥村第一产业主要包括生态种植业和生态养殖业,以高标准打造"洪湖鱼米之乡"的品牌。

2) 第二产业

开发酿酒工业旅游,让游客能参观酿酒全过程,体验自己动手酿酒的乐趣。一方面可吸引游客,另一方面可增强洪湖赤卫队酒的影响力。

在宜达饲料的基础上,融入休闲旅游业态,打造宜达饲料工业旅游项目。

3) 第三产业

以青瓦坊民俗文化为依托,结合李桥村的条件,借助悦兮半岛等周边项目的市场客源,发展乡村休闲旅游。李桥村乡村旅游的内容主要包括:民俗文化展览、民俗文化活动、休闲农业观光、樱花观赏摄影、生态农业体验、工业旅游观光等。休闲旅游带动李桥村第一产业、第二产业的发展。

3. 产业布局

产业布局:"一带五区两节点"。

(1) "一带":民主河小龙虾/螺蛳养殖区。

(2) "五区":淡水鱼养殖区、生态莲藕种植区、水稻油菜轮作区、樱花种植区、家禽家畜养殖区。

(3) "两节点":洪湖赤卫队酒加工区、宜达饲料加工区。

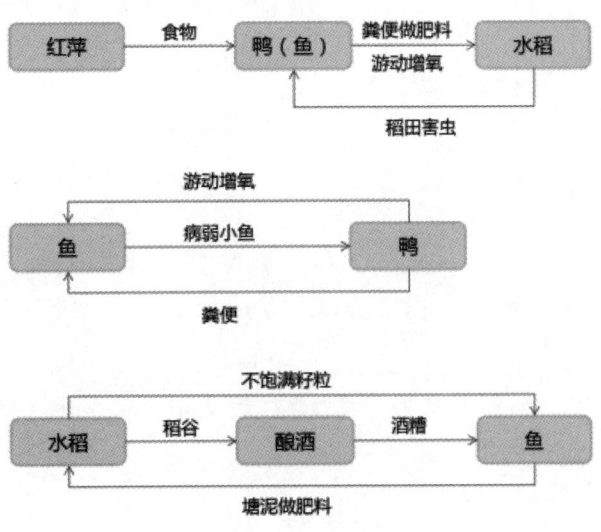

李桥村产业布局图

4. 生态农业模式

李桥村生态农业模式图

（四）游线规划

1. 主题游线规划

根据规划区的不同分区、不同游乐活动、不同景观，打造不同的主题游览线路，主要有民俗文化旅游线路、休闲观光旅游线路、农事体验旅游线路等。

(1)民俗文化旅游线路：游客服务中心—青瓦坊民俗博物馆—青瓦坊民俗旅游中心—美丽乡村风貌街—民俗街。

(2)休闲观光旅游线路：李桥田园—樱花园—五彩自行车乡间道—荷韵飘香—李桥渔场—活水乐园—船屋营地。

(3)农事体验旅游线路：市民农园—农民艺术产业园—采摘园—乡村运动场—稻田迷宫—采莲栈道—荷韵飘香—李桥渔场。

2.区域联动规划

(1)美丽乡村主题游：老湾回族乡柴民村—乌林镇乌林村—乌林镇李桥村—滨湖办事处金湾渔场—小港管理区养殖大队—瞿家湾镇陈湾村。

(2)民俗文化主题游：赤壁古战场—李桥村—瞿家湾。

(3)红色文化主题游：李桥村—洪湖革命历史博物馆—湘鄂西苏区革命烈士陵园—瞿家湾。

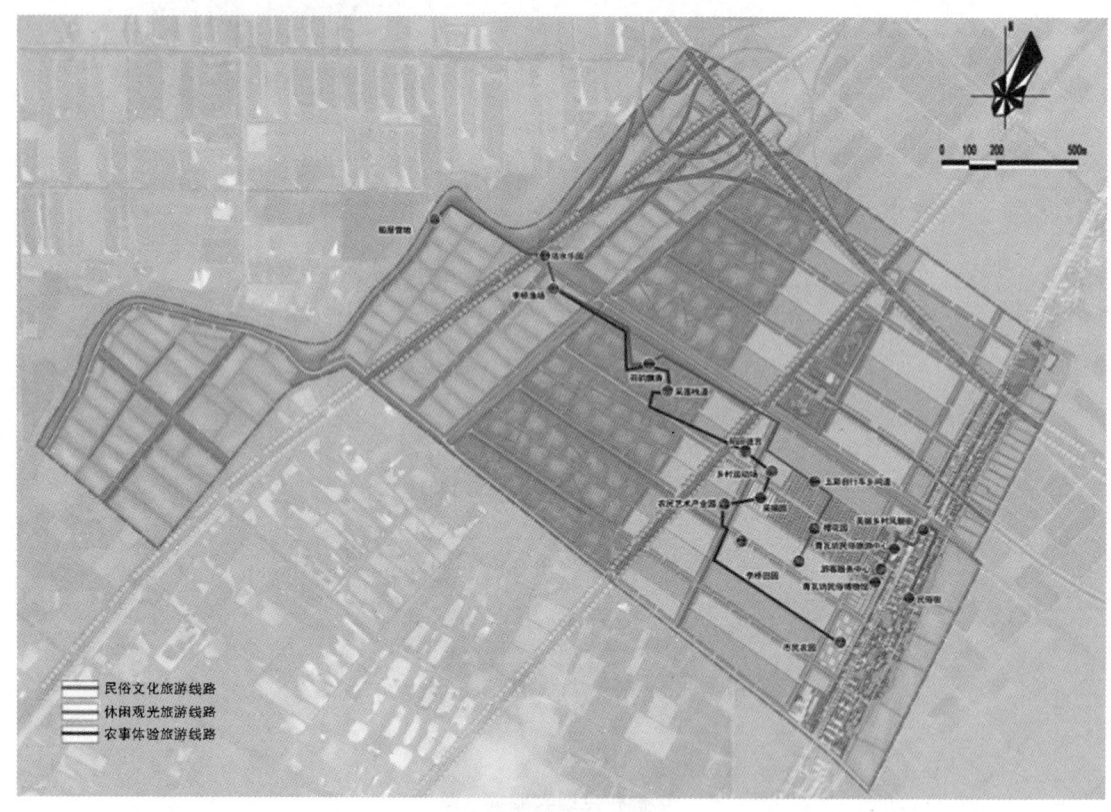

李桥村游线规划图

(五)景观风貌规划

1.景观规划定位

洪湖樱花第一村。

2. 景观系统规划

1）景观风貌

规划区内景观主要包括农田景观、荷塘景观、鱼塘景观和乡村景观等，总体上营造浓厚的鱼米之乡的景观氛围。

2）樱花村营造

在道路沿线、房前屋后自留地、空地、荒地等种植樱花，打造"洪湖樱花第一村"。

3）景观规划结构

根据李桥村乡村景观的分布情况，做好景区结构规划，李桥景观结构主要为"一带四区多节点"。

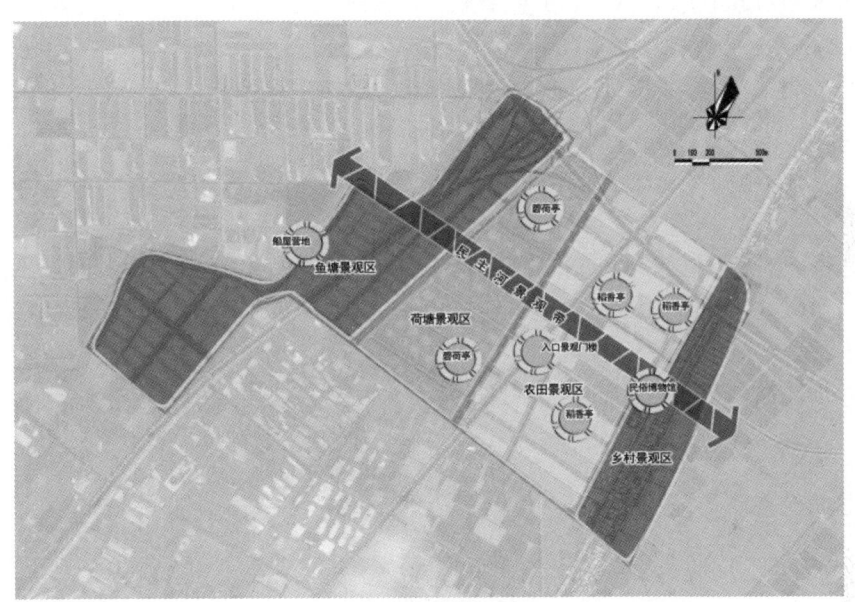

李桥村景观系统规划图

3. 村庄建筑风貌

李桥村风貌规划引导措施图

（六）市场营销规划

1. 整合营销模式

旅游整合营销至少包括旅游目的地公共营销组织整合、旅游行业部门优化整合、旅游产品开发整合、旅游品牌形象整合、旅游营销方式整合与旅游营销区域整合等。

2. 营销方式

1) 组合营销

借助周边景区客源，借助洪湖品牌，组合出击。

2) 关系营销

与相关公司合作，作为举办公司年会等活动的场所。

3) 活动营销

定期举办相关活动，吸引大量游客，增加人气，迅速引爆市场。

4) 广告营销

通过户外广告牌、媒体广告进行宣传。

5) 网络营销

李桥村除了要有自己的官网，还需要在所在市、区域乃至全国的知名网站上建立链接，宣传自己。

6) 微信营销

创建规划区微信公众号，及时对规划区的主要活动及美景进行分享。

（七）智慧李桥建设

1. 智慧旅游建设

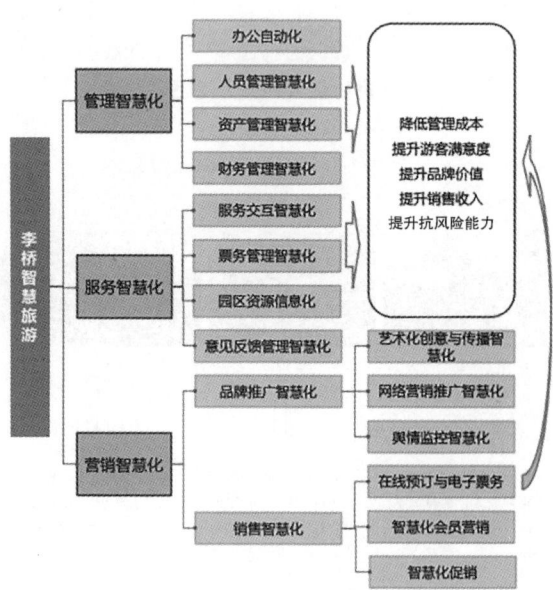

李桥智慧旅游架构

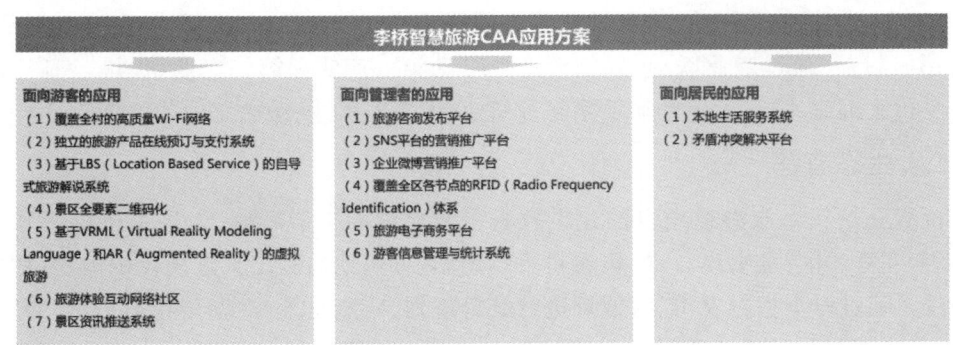

李桥智慧旅游CAA应用方案

2.智慧乡村建设

李桥智慧乡村系统建设图

三、建设成效

（一）产业兴旺

自李桥村依托民俗村项目建设以来，充分引导村民以资金或土地、房屋入股的形式，发展特色民宿、特色餐饮店；大力开展招商引资，打造年轻人创业孵化基地，最终实现村民共同富裕，把美丽成果转化成生产力及供给美丽乡村建设的持久动力。村干部刘永惠说，近年来，李桥村结合实际情况，把民俗文化作为村庄特色着力打造，以"青瓦坊"进行辐射、打造亮点,现民俗文化馆内收藏民俗、农耕文化等方面藏品达两万余件,正在努力打造"江汉平原民俗文化第一村"。通过产业联动,以旅游产业带动第一产业和第二产业,促进"三产"融合。在发展乡村旅游业的同时,还推动了生态种植业、生态养殖业、酿酒工业的发展。

(二)生态宜居

李桥青瓦坊民俗旅游村项目的建设改善了乡村内的生活环境,走进李桥村,脚踏青石板、呼吸荷花香、耳听鸟鸣声,一幅幅农耕手绘图,全方位地勾画出了近现代中国农耕文化的生活场景。通过对李桥村农田、水域等进行统筹规划,营造出了"洪湖樱花第一村"的景观意境,改善了李桥村的整体环境;同时,通过进一步加大水资源的保护措施,减少污染源,加大对民主河、五星河、蔡家河水系的净化,打造生态景观驳岸,营造良好的湿地生态系统。此外,村庄通过风貌整治,改善了整体建筑景观风貌。

(三)乡风文明

依托于传统农业生计模式的李桥村村民并没有意识到乡村民俗文化的价值,在青瓦坊民俗文化园的创办者翟宗林试图创建民俗收藏馆时,村民们不愿出售自己家中的"老物件"。通过发展乡村旅游,李桥村的历史文化、民俗文化、农耕文化等文化元素得到了村民的认可和重视,他们也参与到李桥村旅游及相关产业的建设中。李桥村将当地民俗文化与旅游项目相结合,促进了文化的保护与传承。此外,乡贤计划的推行,吸引了李桥村及周边区域人才的回归,给李桥村带来了技术、资金和知识上的支持,切实解决了"空心村"的问题。

(四)治理有效

李桥青瓦坊民俗文化旅游村采用了"政府+村集体+公司+农户+游客+高校"的运营模式,成立了李桥村乡村旅游合作社,以股份合作制的形式进行经营管理,不仅为村民提供了稳定的工作,还让村民以土地入股的形式参与到土地经营中,持有集体土地股权。政府及投资管理企业也建立了完善的农民社保基金。多方共同运营、共同盈利,保障了旅游发展的科学性和可持续性。2017年至2019年,湖北省、荆州市、洪湖市累计向李桥村投入2600多万元,通过三年的建设,李桥村环境面貌焕然一新,一跃成为"湖北省美丽乡村示范村"。

(五)生活富裕

李桥青瓦坊民俗文化旅游村的建设与发展为当地提供了技术、服务、管理、生产等方面的就业岗位,促进了村民就业。除了带来就业机会,李桥青瓦坊民俗文化旅游村的建设与发展还带来了直接的经济效益。数据统计,2021年国庆黄金周,位于洪湖市乌林镇李家村的青瓦坊民俗文化园特别火爆,每天免费接待本地及周边县市游客1000余人次,旅游车、小轿车挤满车场。旅游业的发展直接为当地从业者带来了更多营业收入,带领李桥村全体村民走上致富路。

案例 4

鄂州东沟镇余湾村
——花开余湾，艺术梁子

规划区位于鄂州市东沟镇，地处梁子湖区东北部，地处武汉、黄石、黄冈三市边界的腹地，毗邻梁子岛生态旅游度假区。该项目的总体理念是应顺应乡村振兴政策，突出全域发展理念，切实立足当地实际，因地制宜，挖掘资源，整合要素，培育产业，科学规划本地的发展空间、产业布局、收益分配等问题，真正实现旅游空间全区域、旅游产业重点领域、旅游受众全民化、产业带动全覆盖。该项目以"乡村田园微度假·休闲慢游目的地"为核心定位，以"花开余湾，艺术梁子"为主题形象，形成了"一站一核一廊五组团"的空间布局，其中，"一站"为余湾驿站，"一核"为梁湖花海，"一廊"为余长花艺展示廊，"五组团"为余湾花街、怀林艺谷、千里荷韵、稻香渠塘、休闲渔趣。该项目的亮点是打造余湾村乡村慢生活旅游体系，将艺术与乡村的交融作为旅游的驱动点，实现"农业文明"与"旅游文化"的碰撞，以产业融合为基底，打造新型合作模式。

一、项目背景

（一）政策背景

（1）全面推进乡村振兴战略，民族要复兴，乡村必振兴。

（2）"十四五"规划，坚持农业农村优先发展、全面推进乡村振兴。

（3）助力乡村旅游体系构建、特色旅游片区打造、乡村旅游品牌培育、乡村旅游要素创新。

（4）"艺术乡建"，以文化产业赋能乡村经济社会发展。

（二）交通区位

1. 地理区位优势明显

余湾村所在的鄂州市东沟镇，位于梁子湖区东北部，地处武汉、黄石、黄冈三市边界的腹地，毗邻梁子岛生态旅游度假区，地理区位优势明显，具有良好的发展条件。

2. 可进入性良好

项目交通优势明显，316国道、鄂咸高速纵向贯穿余湾村，项目地交通可进入性良好。

（三）资源禀赋

规划区内旅游资源包括7个主类10个亚类和20种基本类型。规划区内的自然资源主要以花、村、田、塘、林等资源为主，乡村自然资源特征典型。人文资源主要以地方农业产品为主。

（四）客源市场

(1) 基础市场：游客主要来自武汉市、鄂州市、黄冈市、黄石市等1小时城市圈。
(2) 目标市场：3—4小时辐射圈城市，主要为湖北省省内城市群。
(3) 机会市场：河南省、湖南省、安徽省、江西省等地区。

二、规划内容

（一）发展定位

1. 发展策略
(1) 策略一：打造余湾村乡村慢生活旅游体系。
(2) 策略二：艺术与乡村共生交融作为旅游驱动点。
(3) 策略三：一场"农业文明"与"旅游文化"的碰撞。
(4) 策略四：以产业融合为基底，打造新型合作模式。

2. 发展定位
乡村田园微度假·休闲慢游目的地。

3. 形象定位
花开余湾，艺术梁子。

4. 功能定位
品味原乡余湾·体会乡村百态。
观乡景、住乡宿、玩乡设、品乡味、赏乡戏、购乡物。

（二）总体布局

1. 空间结构
空间结构："一站一核一廊五组团"。
"一站"：余湾驿站。
"一核"：梁湖花海。
"一廊"：余长花艺展示廊。
"五组团"：余湾花街、怀林艺谷、千里荷韵、稻香渠塘、休闲渔趣。

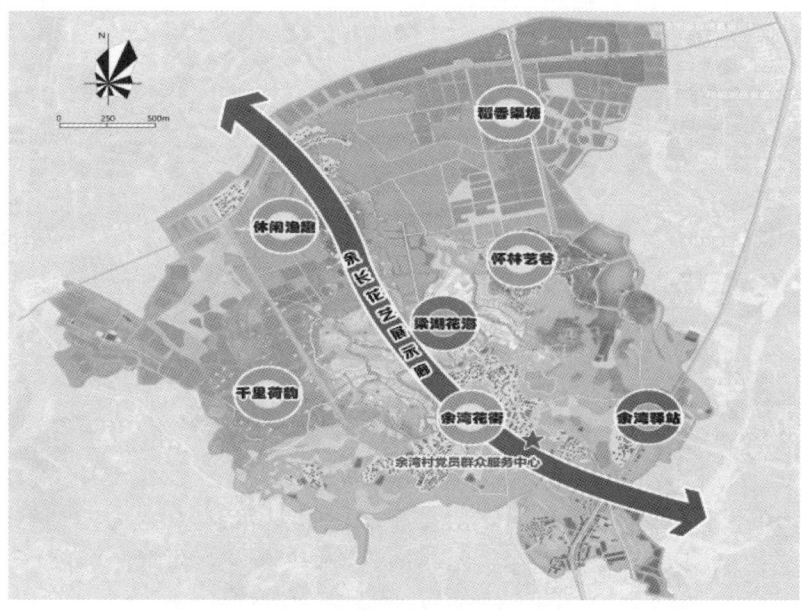

余湾村空间结构图

2. 总平面图

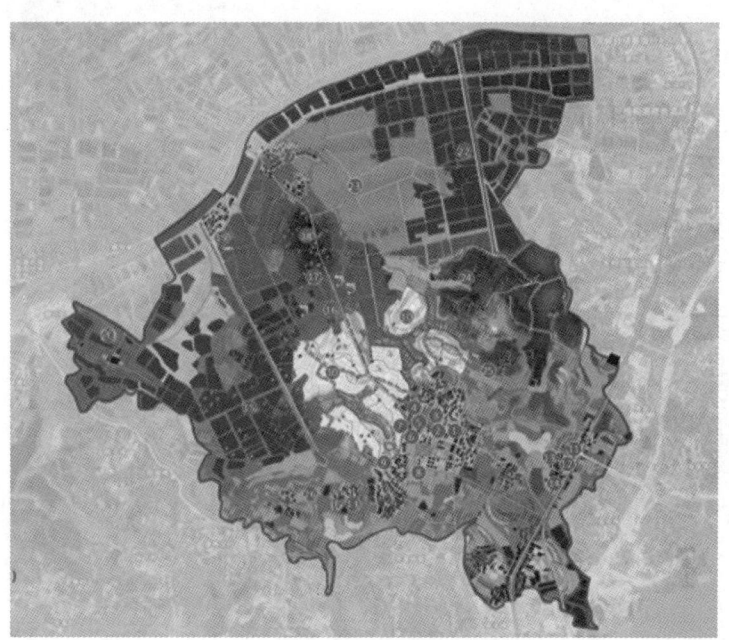

余湾村总平面图

1.游客中心;2.百姓大舞台;3.林下乐园;4.荷塘人家;5.余湾花街;6.长海湾生态园;7.长海民宿美食街;8.盛旺农家乐;9.大师工艺坊;10.梁湖花海;11.余湾花墙;12.梁湖良品展销厅;13.余湾驿站;14.梁湖湖鲜食肆;15.千里荷韵;16.花艺酒店;17.乾泰鲈鱼养殖基地;18.锦弘生态采摘园;19.黄颡鱼党员养殖示范基地;20.鄂州求和生态农业科教园;21.黄鳝养殖基地;22.渔趣渠塘;23.高标准农田示范区;24.怀林艺谷;25.黄牛养殖基地("网红"体验牧场);26.金沙滩园梦农业育苗基地;27.家庭工坊。

(三)景观规划

景观规划:"一廊四轴"。

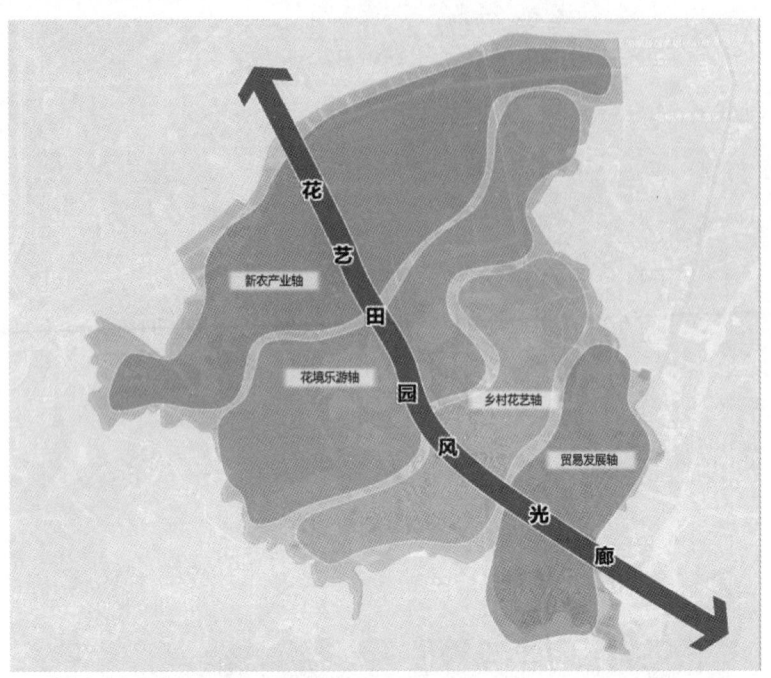

余湾村"一廊四轴"景观空间结构图

(1)"一廊":花艺田园风光廊。

(2)"四轴":贸易发展轴,借助余湾村有利的交通优势发展贸易;乡村花艺轴,融合"花""艺"两大主题的乡村,让人真正感受到乡村的魅力;花境乐游轴,乡村漫游观赏区域;新农产业轴,新农业、新智慧赋予农业产业的发展轴。

(四)项目策划

1.余湾驿站

主要承载村湾:庄屋湾。

主要功能:吃、购、展。

主要项目:余湾花墙(休闲吧)、梁湖良品展销厅、余湾驿站、梁湖湖鲜食脍、驿站乡野市集。

2.梁湖花海——核心项目

1)游客中心

游客中心的主要功能包括旅游集散、信息咨询、游客服务、医疗服务、导游服务、文化展示、共享自行车或电动车租赁等。

2)百姓大舞台

百姓大舞台一可用作景区的运营配套,为游客呈现丰富多彩的民俗演艺活动;二可用作余湾村的美丽乡村配套项目、服务群众的民生平台。

3) 童心乐园

利用该片林地的自然景观资源,借助林地的生态环境,打造林下亲子乐园。

设置儿童游玩沙池、小秋千、滑梯、树上探险等项目,以及树屋、凉亭等休憩设施。

3. 余湾花街

以多样的手法将观赏花卉与余湾村乡村风貌紧密结合。

余湾花街的主要项目包括荷韵步道、渔家乐、萌豆坊、余湾公社、共享田园、盛旺农家乐、童心乐园、余湾花街、长海生态园、锦鲤池、观景台、椿香园、余氏宗祠。

4. 休闲渔趣

休闲渔趣的主要项目包括乾泰鲈鱼养殖基地、锦弘生态采摘园、黄颡鱼党员养殖示范基地、花艺酒店。

5. 千里荷韵

千里荷韵的主要项目包括鄂州求和生态农业科教园、千里荷韵、金沙滩园梦农业育苗基地等。

6. 怀林艺谷

怀林艺谷的主要项目包括怀林艺谷、黄牛养殖基地。

7. 稻香渠塘

稻香渠塘的主要项目包括黄鳝养殖基地、渔趣渠塘、家庭工坊、高标准农田、彩色稻田。

（五）营销策略

1. 营销策略

(1) 塑造品牌价值。

(2) 进行联合营销。

(3) 差异化营销。

(4) 以活动制造营销。

2. 节庆活动

东沟镇余湾村节庆活动排期

春(2—4月)	夏(5—7月)	秋(8—10月)	冬(11月至下一年1月)
花艺论道 踏青节 花艺文化节	赏荷开鱼 赏荷节	乡村采摘节 丰收节 开渔节 湖鲜美食节 田园艺术设计大赛	余湾艺术节 艺术鉴赏会 非遗文化展 手工艺大赛

3. 品牌打造

结合当地资源和特色产品,规划为余湾村打造了一系列区域品牌。

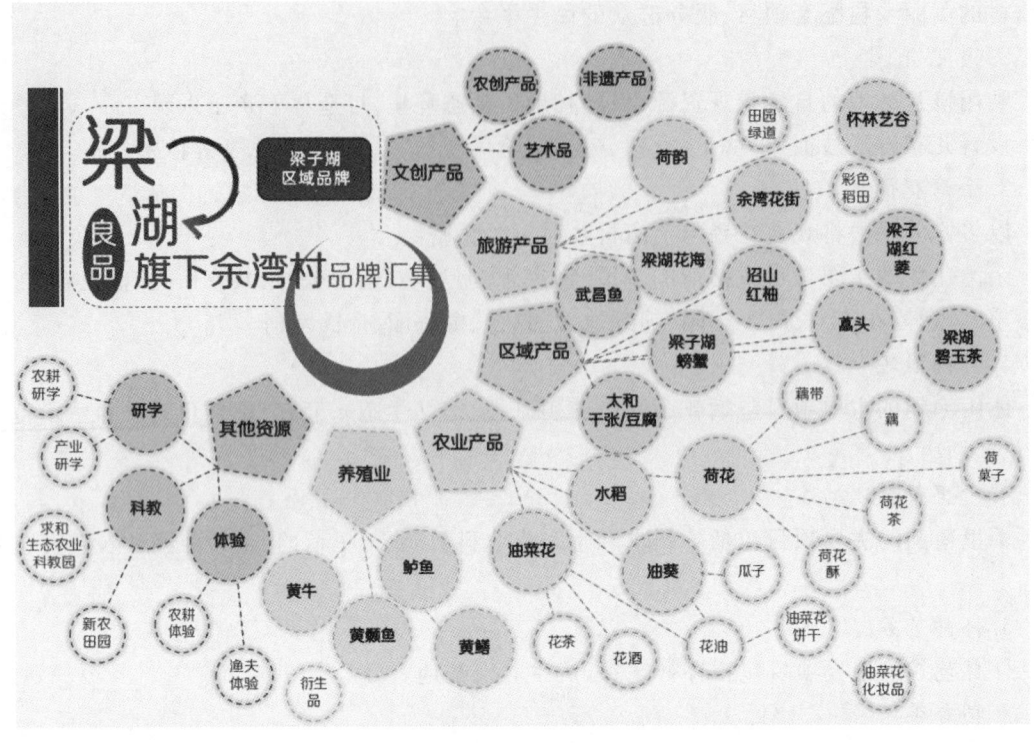

余湾村品牌体系

4.营销打造

余湾村营销链由电商中心、展销中心、冷链工厂、物流中心四大机构构成,助力余湾村商贸发展,促进贸易往来,让梁湖良品走进千家万户。

三、建设成效

（一）产业兴旺

没有产业的振兴,就没有乡村的振兴;没有乡村的振兴,就没有中华民族伟大复兴。作为鄂州市党建引领乡村振兴试点村和全区共同打造试点村,余湾村深刻意识到产业兴旺在推进乡村振兴中有着举足轻重的作用。在建设美丽乡村、发展乡村旅游的过程中,余湾村积极主动对接市、区两级部门,借势、借力引进相关产业、基础设施等共7个,各类政策资金100多万元,有力推动了产业发展。

2022年以来,余湾村合理利用基本农田,集中流转2000余亩撂荒坡地,种上了优良品种油菜,发展餐饮民俗文化,生产加工食用油等特色产品,打造集观光旅游、田园体验于一体的农旅融合基地,壮大乡村集体经济。同时还通过成立家政和保洁服务公司让闲置的村民得以就业,村民既有了土地租金,又收获了村内劳务费。油菜花花期到来时,2000余亩油菜花次第开放,金色花海,蝶舞蜂飞,游人穿行其间。

"大批游客来余湾村打卡赏花,游人多了,乡村火了,更多的村民办起了农家乐,开始经营副食和亲子游乐项目,村集体更加有信心了。"余湾村党支部书记余天栋说。

（二）生态宜居

道路干净整洁,水塘美丽清澈,村舍前后清爽平整……漫步梁子湖区东沟镇余湾村大海湾,一幅幅美丽的乡村墙体彩绘映入眼帘。

"一到晚上这里就非常热闹,晚饭后,我们都会来这里跳广场舞。"余湾村村民余大妈说。根据"共同缔造"活动收集的群众意见,余湾村特意将原来的文化活动中心翻新成村里的百姓大舞台。

自乡村旅游开发以来,余湾村开展"共同缔造"活动,推动了人居环境治理。余湾村通过收集民意,听取民声,发挥民智,汇聚民力,整合各项资金,对乡村进行规划建设,共同打造余湾"四园模式",即幸福家园、休闲乐园、文化故园、多彩田园。

通过开展"共同缔造",余湾村的人居环境得到明显改善,村民的参与度得到了进一步提升,村民的获得感、幸福感、安全感显著增强。

（三）乡风文明

为促进乡村旅游开发,梁子湖区余湾村开展区校合作,开设新型农业经营培训班,向村民传授线上销售、搭建农产品销售电商渠道等方面的知识,指导村民如何开通自媒体账号和短视频进行拍摄和直播营销等,让村民对乡村文化、土特产品进行地方特色化宣传,从而提升"新农人"的整体素质。此外,高校学者会来到余湾村举办乡村文化开发、规划和管理等各类讲座。余湾村通过开展乡村文化调研、走访,深挖乡村文旅特色产品,推出具有独特风韵、乡土气息浓郁的文旅产品与宣传文案,通过乡村文化软件与硬件平台加速挖掘、开发与整合独特的文化资源,打造新文创、"非遗"、文旅融合新形式。

为培育乡村文化,给梁湖花海旅游节的开办提供平台,村里建设了百姓大舞台,每月定期举办不同主题的文艺活动,极大地丰富了村民的精神文化生活。

（四）治理有效

项目实施以来,余湾村成立村投公司与区城投公司组建项目公司,并成立劳务公司,共同推动万亩花海建设。村投公司参与土地翻耕整理、村庄整治,以及农业用工、建筑用工等劳务项目,盘活撂荒地、宅基地资源,通过国有企业带动,把资源变资产,把资产变资本,使村集体经济更多元、更有活力。

基层治理是党联系群众的"最后一公里",也是人民群众感知党的执政能力的"最近一公里",余湾村清醒地认识到了自己的定位,充分发挥坚强的战斗堡垒作用。余湾村开展"共同缔造"试点先行,激发干群的原动力。自"共同缔造"试点工作开展以来,余湾村坚持广大村民"所思、所想、所盼""四心"靶向齐发力,通过入户走访、座谈交流、村湾夜话、问卷调查,以及村民理事会协调、召开群众代表会等形式积极投入工作,共召开群众座谈会6次,外出参观学习3次,收集村民诉求,强化村民"主人翁"意识,聚焦群众关心的话题,寻找"最大同心圆",动员广大群众积极参与"共同缔造"活动,共建美好环境,共创美好生活。

(五)生活富裕

梁子湖区委、区政府选定余湾村作为启动核心区,打造东梁子湖乡村振兴文旅综合体,余湾村抢抓机遇,大力推进万亩花海项目,积极创建国家A级景区,投资200多万元打造旅游综合服务中心,引进市场主体,流转土地4800亩,发展规模化种植,谋划召开东梁子湖万亩油菜花美食节,今年已种植2400余亩油菜,收到土地流转金200多万元,推动村民和村集体经济双增收。

在乡村旅游规划与开发中,余湾村创新构建"村企共建"模式,成立美丽余湾投资发展有限公司,并雇佣本村留守妇女及其他赋闲劳动力,实现村民在家门口就业务工。2022年村集体经济收入突破50万元,实现村集体和村民双增收。

案例 5

鄂州梧桐湖新区六十村余家墩自然村
——未来乡村·乐活娱港

规划区位于湖北省鄂州市梁子湖区东沟镇北部。该项目的总体理念是结合六十村区位优势,依托周边各产业创意新区,以未来科技为主,与周边相协调,融入"未来乡村"可持续发展理念,创建全国首个共享家园体系,打造共享家园理念的区域格局。该项目以"未来乡村·乐活娱港"为核心定位,创建全国首个共享家园体系,打造全国首个红砖艺术村落、湖北省首个未来乡村,构建包括共享田园、共享村落、亲子农场、智慧农场在内的空间布局。该项目的亮点是通过家与园,连接城与乡,每个家和园都是体系的组成细胞,通过共享实现细胞的生长、增殖,推进城乡融合发展。

一、项目背景

(一)宏观视野

1. 上位规划

上位规划:梁子湖区旅游产业发展规划。本项目位于梧桐湖新城东侧边界区域。梧桐湖新城以生态型智慧旅游新城为发展目标,融入旅游产品的开发,构建梁子湖区完整的科技旅游产业链,结合高科技手段,重点发展城市综合旅游产业,完善旅游集散功能。

2. 区域格局

新理念、新业态、新文化、新生活。

3. 发展契机

未来社区——湖北省第一个未来乡村。

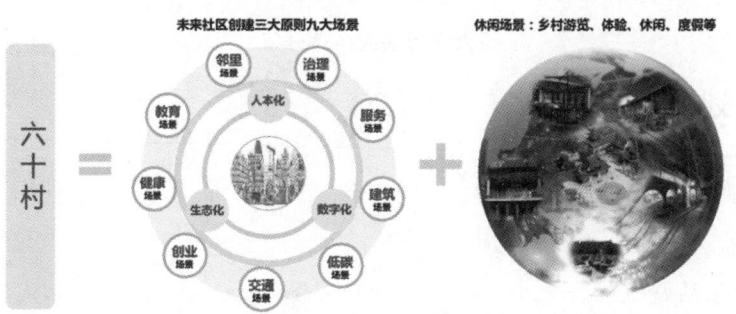

六十村发展契机

4. 破题建议

结合六十村的区位优势，依托周边各产业创意新区，以未来科技为主，与周边相协调，融入"未来乡村"可持续发展理念，创建全国首个共享家园体系，打造共享家园理念的区域格局。

（二）基础分析

1. 区位交通条件

项目地位于梧桐湖新区东沟镇六十村。六十村位于东沟镇北侧，距离梁子湖生态旅游区约11公里，临近239省道和鄂咸高速。六十村交通条件良好，四通八达。

2. 规划范围

六十村美丽乡村规划面积约634亩。南北长约1.1公里，东西宽约0.75公里。

3. 公共设施现状

六十村中公共设施缺失严重，交通网较差，缺乏卫生院、休闲广场、住宿酒店等。

4. 基础设施现状

六十村中基础设施有待完善，给排水、污水处理系统尚未建成，硬化村道不多，河畔有水塔，但处于闲置状态。

5. 分析小结

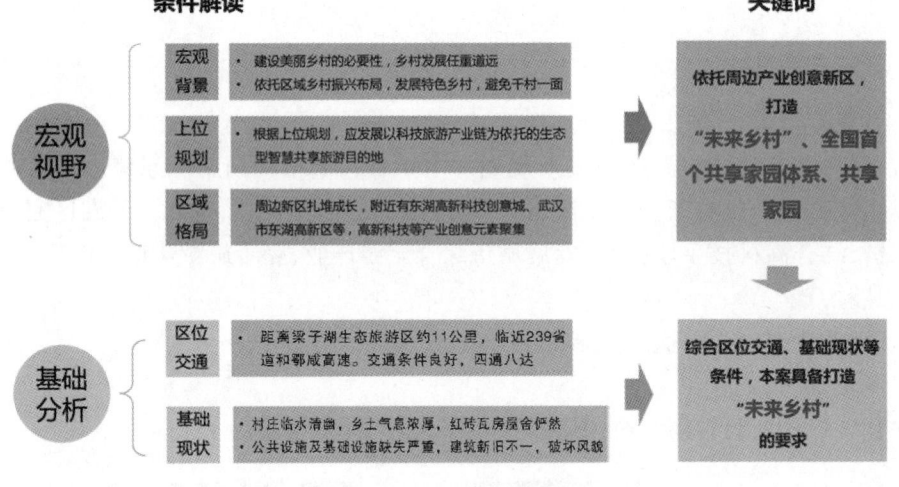

六十村基础条件分析

二、规划内容

（一）战略定位

1. 战略定位

未来乡村·乐活娱港。

湖北省首个未来乡村。

2. 风貌定位

打造全国首个红砖艺术村落。以红砖为主要材料,结合青砖、青瓦、红瓦,组合出多种表现形式,打造红砖艺术世界。

3. 核心内容

创建全国首个共享家园体系。

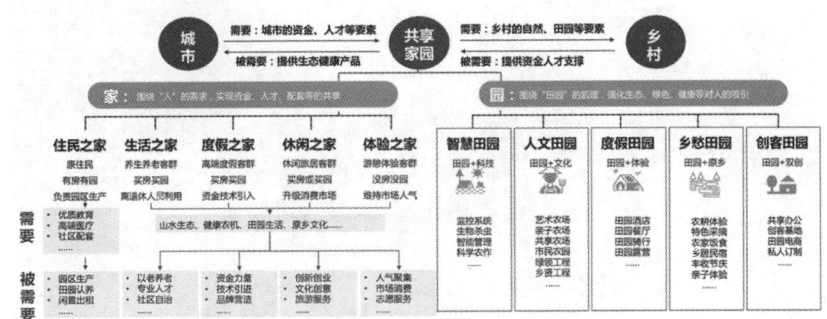

六十村战略定位核心内容

1) 分享(共享)田园

分享(共享)田园,分享(共享)的是田园,同时也是一种田园式的生活。

2) 分享(共享)村落

分享(共享)村落,共享宅基地,助力农民增收,盘活闲置资源。

3) 分享(共享)人才

分享(共享)人才,智力资源多方共享,将人才效益扩大化。

4. 产业发展

产业发展:共享智慧农场。

"农业+科技+旅游+共享"模式,结合周边区域打造华中地区首个共享智慧农场。具体项目包括大地景观、共享田园、科技转化、智能追踪、生物导弹等,积极实现科技成果转化、农业科普、观光游览、农业研发、私人订制等功能。

(二)总体布局

1. 空间布局

六十村空间布局图

2.村庄业态布局

六十村业态布局图

（三）村湾整治

1.村庄建筑改造

村庄建筑是本次美丽乡村人居环境整治的重点。本次改造将在现状基础上，以"荆楚派"建筑风格为基础，结合艺术化手段，对村庄建筑进行改造。

2.村庄道路改造

在车行道上铺设黑色沥青，人行道则可选择青砖青瓦铺设、碎拼、卵石铺设和汀步铺设等多种方式，以增添乡村色彩。

3.村庄景观改造

村庄景观改造的内容主要包括岸线景观、沟渠景观、菜园景观等，以种植乡土树种为主，保留天然、浓厚的乡土气息，同时增加社会效益和经济效益。

4.村庄设施改造

村庄设施改造的内容主要包括树池、休闲座凳、垃圾桶、标识标牌、路灯等，在每一个细节上都要体现主题文化、注入匠心精神，使乡村设施更加精致，环境更加优美。

5.公共空间景观设计

公共空间景观设计的内容包括村民文化活动中心、长港生态亲水空间等，通过文化长廊、公共活动等，进一步突出特色文化。

三、建设成效

（一）产业兴旺

近年来，梁子湖区文化和旅游局大力推动文旅融合发展，充分挖掘利用文化资源，坚持以文化赋能乡村发展,靠旅游推动乡村转型,围绕"三区一城"发展思路,深入发掘梁子湖的地域特色,牌子锣、玉连环、穿花龙舟等一批特色项目成功入选省级非遗项目,梁子湖传说、木雕、谢埠千张、张体书法等一批项目入选市级非物质文化遗产代表性项目名录。通过八批次乡村振兴拉练,该区已建成美丽乡村110余个,乡村旅游多点开花,打造了一批"网红"爆款旅游体验产品,形成了镇镇有特色、村村有亮点的全域旅游模式。

近年来,六十村一手抓经济发展,一手抓精神文明建设,村党支部委员会和村民委员会始终坚持"产业立村、商贸兴村、管理强村、文化活村"的发展战略,始终坚持以经济建设为中心,大力发展第三产业,努力打造"平安六十、和谐六十、富裕六十"。

(二)生态宜居

2023年2月中旬,六十村村党支部委员会和村民委员会成员协商提议维修改造居民区路灯,前期准备工作就绪以后,六十村党支部从前期协商谋划到完工投入使用,保质、保量、保安全地推动项目实施,仅用半个月时间就完成了任务。群众无小事,一盏盏明亮的路灯不仅为群众的夜间出行提供了安全保障,也照亮了村庄的夜,温暖了群众的心,群众满意度大幅提升。

六十村已完成了曾家湾湾内道路硬化工程,村民出行更方便、更通畅了;推进铁十线六十段顺利通车,实现了主路面贯通;修筑六十村一组、二组农田主干道,解决了村民耕种作物运输难的问题;将村七组、八组自来水网基础设施重新布设,使村民的生活质量得到提升。

(三)乡风文明

六十村村民在党的正确方针、路线和政策的引导下,生活越过越红火。村民不断提升自身素质,破除老旧村规陋习,提倡文明新风尚,村中文化氛围浓厚,邻里关系团结,家庭和谐融洽,大家都遵纪守法、乐于助人,开展的互助活动既促进了村民之间的交流与互动,又让村民感受到了温暖和谐的气氛。

积极开展的"文明健康始于心、低碳环保践于行、绿色家园齐守护"爱国卫生志愿服务活动、"我为群众务实事"志愿服务活动、"齐创建共参与"志愿服务活动、环境卫生大整治志愿服务活动等,改善了村庄环境,提高了村民生活质量,更重要的是通过广泛宣传,进一步提升了群众参与爱国卫生活动的主动意识,营造了共建共享的良好氛围。

(四)治理有效

六十村党支部通过党建引领,强化组织交流,聚焦群众所需,聚力解决群众"急、难、愁、盼"问题,深入开展"我为群众办实事"实践活动,让群众看到变化,得到实惠,感到温暖。

六十村深入推进党组织共同打造"下基层、察民情、解民忧、暖民心"实践活动,精准助力再就业,提高农村劳动者职业技能素质和职业技能水平,拓展创业就业渠道,提升村民家庭幸福指数。

(五)生活富裕

在梧桐湖新区征地拆迁项目中,共136户村民签订拆迁协议,征地拆迁约37354平方米,为新区发展奠定了基础。六十村先后对河东区域的三个自然湾土地进行流转：曾家湾流转土地200亩，以种植西瓜、香瓜为主；余家湾流转土地25亩，以种植草莓为主；邱家湾流转土地300亩，以种植苗圃为主。每年为贫困户及村湾剩余劳动力提供就业岗位100余个，贫困户每年每人分红300余元。

案例 6

鄂州梧桐湖新区磨刀矶村
——梁湖鲜镜·原味鱼港

规划区位于湖北省鄂州市梁子湖区梧桐湖新区梁子镇北部。该项目的总体理念是依托湖泊水产资源,以水文化、鱼文化为主,三国文化、关羽文化为辅,打造湖北美食休闲地、大湖生活体验地。该项目以"梁湖鲜镜·原味鱼港"为核心定位,构建包括入口景观区、乡村休闲区、文创民宿区、鲜乡美食区、鲜镜文旅区、湿地观光区的空间布局。该项目的亮点是通过打造江汉厨房、鲜镜子鱼坊、梁湖市集、双创基地、水上花田、关公水寨六个核心项目,创建湖北省湖鲜美食首选地。

一、项目背景

(一)宏观视野

1. 规划解读

根据梁子湖区旅游产业发展规划,应发展城市综合旅游产业及湖鲜美食休闲体验产品。

2. 区域格局

周边湖泊众多,具备良好的生态资源和丰富的水产资源。

3. 发展机遇

"大江大湖大武汉","大江"为长江,梁子湖应做好"大湖"的文章。

(二)基础分析

1. 区位分析

项目地处梧桐湖新区梁子镇磨刀矶村。

梧桐湖新区地处武汉、鄂州、黄冈、黄石城市发展带的中心位置,北接红莲湖旅游度假区,是鄂州市"一主三新十特"发展格局的重要组成部分。

2. 交通分析

磨刀矶村交通条件良好,四通八达。

3. 规划范围

磨刀矶村规划范围

4. 场地利用现状

田园河流环绕，村庄错落有致，具备生态条件，但无统一规划，环境较杂乱，待整治。

5. 村庄文化分析

1）水文化

紧邻梁子湖、梧桐湖、保安湖、红莲湖、三山湖等湖泊，湿地特色明显，水田丰富。

2）鱼文化

梁子湖淡水鱼类有70余种，武昌鱼、鳜鱼、大闸蟹是享誉海内外的梁湖特产。

3）三国文化

（1）鄂州梁子湖磨刀矶关公治水怪传说。

（2）纪念关公的石桥和庙址，庙已被洪水淹没。

（3）磨刀矶村名沿用关公磨刀的典故，三国文化源远流长。

（4）相比三国文化、关羽文化，磨刀矶村的水文化、鱼文化更为显著。文化主题方面，建议以水文化、鱼文化为主，三国文化、关羽文化为辅。

6. 分析小结

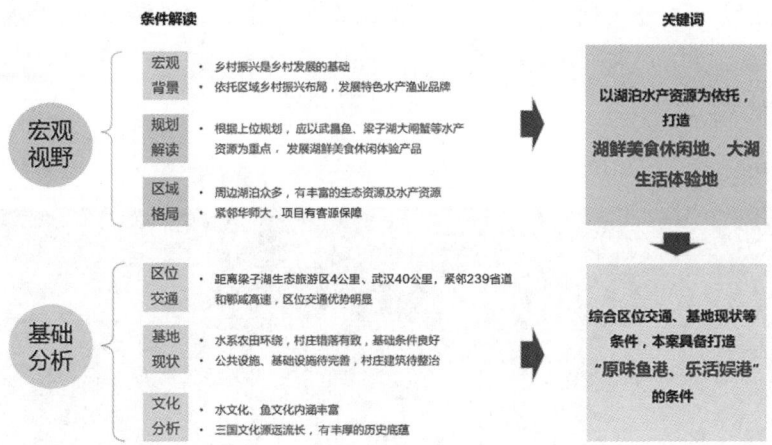

磨刀矶村基础情况分析

二、规划内容

（一）战略定位

1. 战略定位

梁湖鲜境·原味鱼港，千湖之省首席湖鲜美食村。

2. 目标愿景

湖北省湖鲜美食首选地。

3. 核心项目

1）江汉厨房

对接华中师范大学师生游玩需求。

边钓边吃的尝鲜体验模式，打造江汉平原最新鲜的厨房。

2）鲜境鱼坊

结合民居改造，打造"鲜乡十二坊"——干鱼坊、鱼骨坊、鱼皮坊、鱼胶坊、鱼油坊、鱼脯坊、鱼子酱坊、鱼丸坊、鱼糕坊、鱼豆腐坊、鱼拓画坊、鱼雕坊（含淡水贝雕）。

主导功能非生产加工，以农副产品售卖和民俗体验为主。

3）梁湖市集

农副产品售卖中心、土特产售卖中心、旅游商品售卖中心、大学生休闲中心。

4）双创基地

对接华中师范大学打造的文化展示中心、文创基地与创客基地。

5）水上花田

水上花田是以鱼文化为特色打造的生态文化旅游项目，是结合退垸还湖工程，以水为基底，以植物为颜色勾勒的"地景艺术"，配套热气球、观景瞭望台、水上游船、花田小火车等水陆空全景观光系统。

6) 关公水寨

关公水寨是结合关公文化和水乡特征打造的特色生态文化旅游项目;以水乡为基底,兼具水上花田景观。可结合关羽忠、义、勇的人格特征,策划相应的拓展项目。

(二) 总体布局

1. 空间布局

磨刀矶村总体布局

2. 总平面图

磨刀矶村总平面图

3. 业态布局

磨刀矶村业态布局

4. 景观规划

磨刀矶村景观规划

（三）村湾整治

1. 改造内容与措施

1）村庄建筑改造

规划将车行道铺设黑色沥青，人行道则选择青砖青瓦铺设、碎拼、卵石铺设和汀步铺设等多种方式，以增添浓厚的乡村色彩。

2）村庄道路改造

主要包括岸线景观、沟渠景观、菜园景观等，以乡土树种为主。

3）村庄景观改造

村庄景观改造的内容主要包括树池、休闲座凳、垃圾桶、标识标牌、路灯等，在每一个细节上都体现主题文化。

4）村庄设施改造

村庄设施改造的内容包括节制闸处两个河心洲、村民文化活动中心等，通过文化长廊、公共活动等方式，进一步突出特色文化。

2. 建筑景观改造

磨刀矶村分区

1）A片区

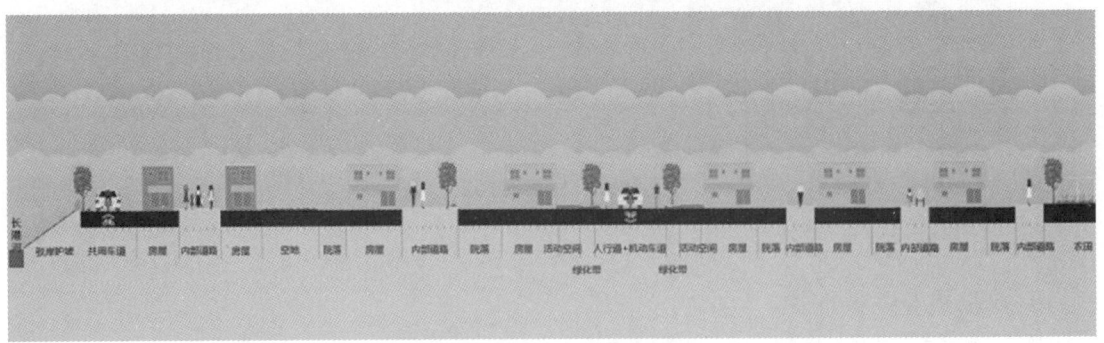

磨刀矶村A片区断面改造

磨刀矶村A片区平面图

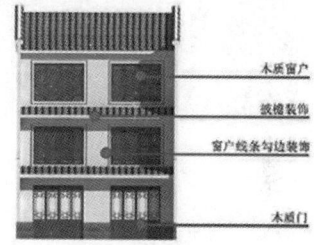

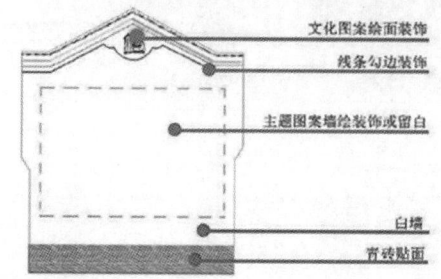

改造说明：
东磨路两侧建筑较为齐整，可依托现有建筑样式进行提升改造，将原有马头墙改为人字形山墙，墙面刷白处理，门窗改为传统木质门窗，楼层之间增加披檐装饰，底层使用青砖贴面；侧面可适当增加文化符号和彩绘。

磨刀矶村A片区建筑改造指引

设计说明：在东磨路村庄入口增加鱼文化的入村标识，道路两侧各增加2米宽的机非混行车道，刷红色沥青，同时增加绿化带，乔木以香樟和红枫为主，灌木绿篱以黄杨、栀子为主，丰富道路景观，将两侧农田进行景观化处理。

2）B片区

磨刀矶村B片区断面设计

磨刀矶村B片区平面图

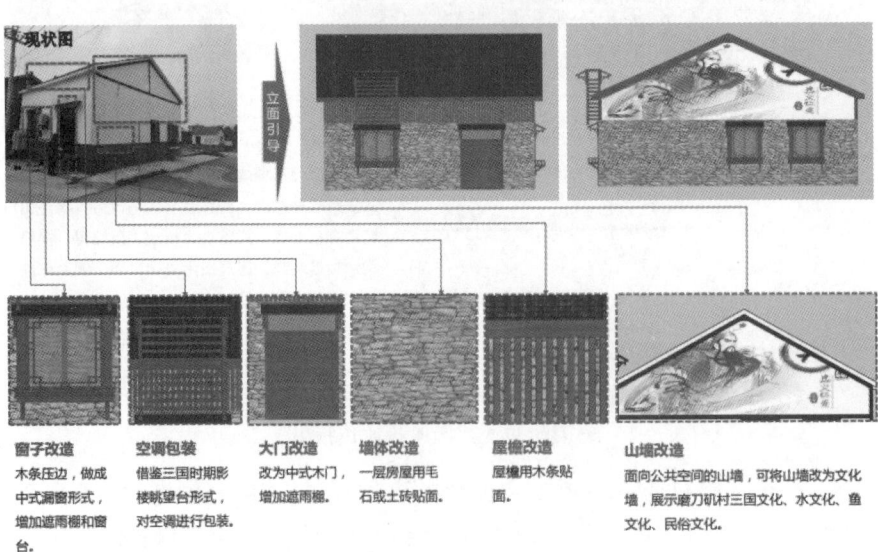

磨刀矶村B片区建筑改造引导（1层房屋）

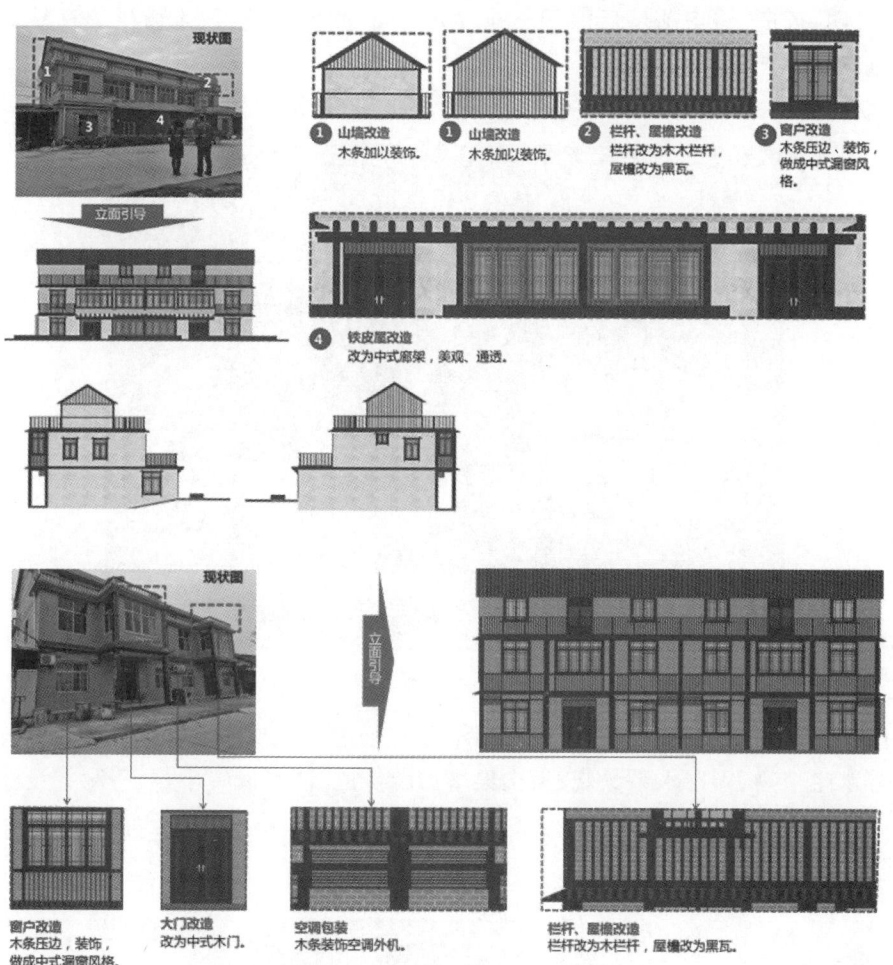

磨刀矶村B片区建筑改造引导（2层以上房屋）

磨刀矶村岸线改造

设计说明：近期，将房前屋后裸露土地改为菜园，并使用毛石、木栅栏等材料将其围合，适当增加景观树，丰富景观效果。

中远期，发展餐饮业，将临河菜地改为碎拼铺设，打造沿河休闲空间。

磨刀矶村沟渠改造

设计说明：采用硬质驳岸和生态驳岸相结合的形式进行改造，整治水体，并种植睡莲、荷花、茭白等水生植物，丰富水系景观；沿沟渠增加游步道，适当设置小桥、亭廊等设施，完善休闲功能。

3.道路景观改造

磨刀矶村道路改造

4. 公共空间景观设计

磨刀矶村公共空间景观分区

1) A地块

01 滨水廊架
02 水车
03 亲水栈道
04 花镜景观
05 中心雕塑
06 艺术坐凳
07 展示栏
08 旅游厕所
09 花坛景观
10 休闲长廊
11 文化墙

磨刀矶村A地块平面图

2) B地块

① 出入口
② 景观小品
③ 关公雕像
④ 景观廊架
⑤ 景观亭
⑥ 木栈道

磨刀矶村B地块规划平面方案

设计说明:将树干或适用的粗枝横向截断成规定长度的木桩,打造成驳岸。在护坡的同时,还能与周边环境很好地融合,且结构简单,成本较低。

3) C地块

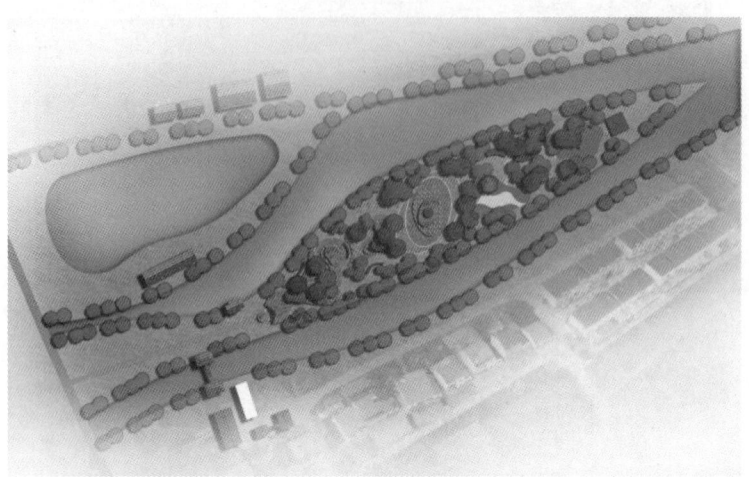

磨刀矶村C地块平面图

4) D地块

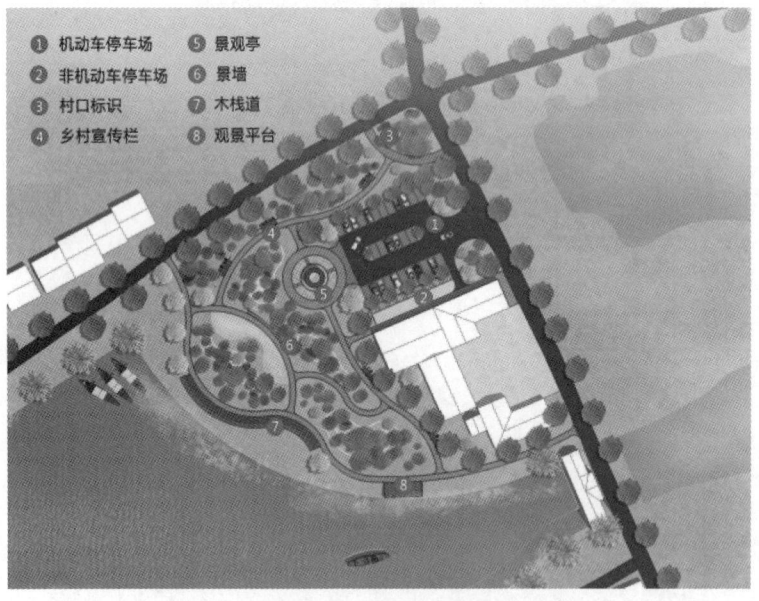

磨刀矶村D地块平面图

5. 设施改造设计

1) 标识系统

标识系统设计融合乡村建筑形态,以木材为主要材料,并融入鱼文化和三国文化。

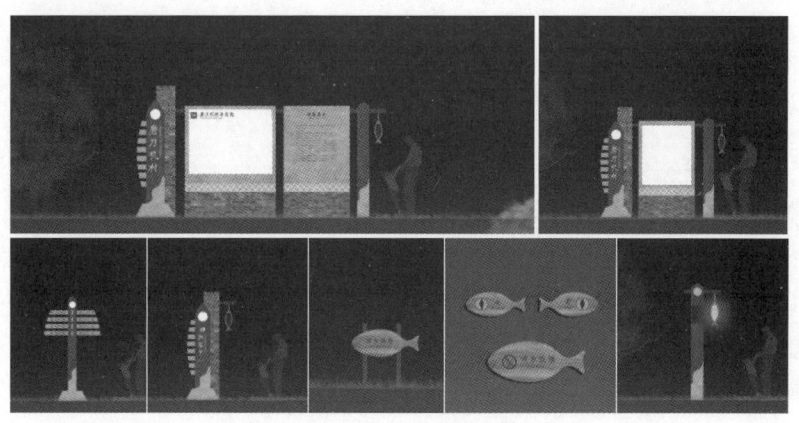

磨刀矶村标识系统设计图

2）树池与座凳

树池、座凳、花坛均以木材为主要材料，与建筑风格相协调。

磨刀矶村树池与座凳图

3）环卫设施

磨刀矶村环卫设施使用最新垃圾分类理念，垃圾桶的设计最大限度地利用农耕器具如鱼篓等，打造特色环卫设施，使垃圾桶同时兼具景观功能。

磨刀矶村环卫设施图

三、建设成效

（一）产业兴旺

磨刀矶村乡村旅游的开发带动当地居民积极参与到农家乐、旅游餐饮、旅游住宿等服务中，村民们充分利用当地的渔业资源，在保留原有的养殖产业的基础上，又将渔业和旅游文化相结合，打造丰富的旅游产品。村委会主任余后胜介绍："依托梁子湖，我们将大力发展养殖业、旅游业，提高村民收入。"当前，村集体已经和第三方投资公司合作，发展多样的商业业态，带动当地村民营收。

（二）生态宜居

磨刀矶村在进行乡村旅游建设中，对乡村建筑进行了重点整治，在项目建设之前，村庄建筑色彩各异、形态各异，整体不协调、不美观，杂乱无章。而该项目充分结合磨刀矶村的现状特色，挖掘村庄文化内涵，结合现有的港、堤、街、园、路、滩进行改造，以"荆楚派"建筑风格为基础，融入三国文化，对屋顶、山墙、屋檐、栏杆、门窗、雨棚、围墙、空调风机、太阳能，以及房前屋后的景观进行了改造。除此之外，村庄的道路得到了修缮，景观得到了精细打造，服务设施得到了完善。在村庄整体形象的改造中，此项目将磨刀矶村的水文化、鱼文化、三国文化、民俗文化融入建筑景观改造之中，让文化充满了大街小巷，营造了浓厚的文化氛围。

（三）乡风文明

在开发本项目之前，村庄虽有较好的生态条件和文化基础，但无统一规划，杂乱无章，生态环境保护未得到有效重视，当地文化价值也未得到有效开发。在自然上，本项目除了整治生态环境之外，还建立了合理的排污、垃圾处理机制；在人文上，本项目提炼出水文化、鱼文化，把当地湖泊水产资源做成文化资源，展现了当地休闲惬意的渔村文化。总体上，提升了当地村民对生态环境保护的重视程度和对当地渔村文化的认同感，促进了良好乡风的形成。

（四）治理有效

磨刀矶村乡村旅游的开发推动了当地农民生产生活方式的转变，通过村企合作，乡村旅游项目得到一体化开发，各方利益得到平衡。开发公司与企业之间实现了资源互补，当地村民以土地入股的形式参与到土地经营之中，持有集体土地股权，整个乡村旅游体系通过系统、科学的机制有效运行。乡村旅游发展起来之后，不少磨刀矶村的外出务工人员回乡，利用家乡资源返乡创业，进一步优化了乡村的经济结构，促进了乡村社会的有效治理。

（五）共同富裕

以前，磨刀矶村只有养殖产业，村民生产方式单一，且由于不重视生态环境保护，渔业的收成有时会受到当地环境恶化带来的负面影响，当地的渔业、养殖业发展相对脆弱，风险较高且收入不多。

乡村旅游建设引导村民使用自家房屋发展餐饮、民宿、民俗业态,保证每个村民都有一份稳定的收入。同时,乡村旅游为参与片区提供了大量旅游产业及其他产业的就业岗位,并形成了相应的就业培训长效机制,给当地村民带来了提升盈利能力的机会和方法。许多旅游就业岗位为当地妇女、老年人,以及下岗再就业群体带来了多元化的生计方式,有效促进了当地共同富裕。

案例 7

京山罗店镇马岭村
——数字马岭·时尚原乡

规划区位于湖北省荆门市京山市罗店镇马岭村,包含马岭村村域全部范围。该项目的总体理念是遵循国家乡村振兴战略,依托马岭村全国文明村、全国乡村治理示范村、全国先进基层党组织等乡村品牌优势,以"马岭模式"为基础,结合数字乡村技术,以"数字+""艺术+""生态+"为手段,对接湖北省"一主两副"城市人群乡村休闲需求,打造鄂中平原地区乡村慢时尚休闲旅游目的地。让乡村更像乡村,让乡村成为时尚,将"马岭模式"打造成为一个可在鄂中平原乃至全国推广的乡村振兴发展模式,实现了从产品输出向模式输出的转变。该项目以"数字马岭·时尚原乡"为核心定位,构建了"一心一环,三圈两翼"的空间布局,其中,"一心"为数字马岭服务中心,"一环"为乡村振兴休闲环,"三圈"为乡居马岭——原住民生活圈、乡创马岭——新村民文创圈、乡闲马岭——马岭村休闲圈,"两翼"为北部生态农业翼、南部生态农业翼。该项目的亮点是构建一个可在鄂中平原地区乃至全国推广的乡村振兴模式——马岭模式。

一、项目背景

(一)宏观视野

1. 数字乡村

数字乡村是乡村振兴中的重要一环,也是互联网时代激发乡村振兴的动力。
数字乡村既是一种发展模式,也是代表未来发展方向的先进乡村形态。

2. 行业动态

数字乡村受市场青睐,具有巨大的发展前景与空间。

3. 项目机会

荆门市、京山市数字乡村建设仍处于空白状态,这给了马岭村巨大的发展机会,马岭村可打造荆门市首个数字乡村。

(二)发展条件

1. 区位交通条件

1) 地理区位

马岭村位于湖北省荆门市京山市罗店镇,从地理格局上看,地处湖北省中心位置,市场辐射范围较大。

2) 交通条件

有随岳高速、孝洪高速(武汉城市圈外环)、沪蓉高速、福银高速环绕,交通可达性强。

2. 周边发展态势

京山市美丽乡村建设条件成熟,且各具特色,基本达到"一村一品"的标准,囊括了产业、文旅两大板块,但数字乡村仍是空白。

3. 资源禀赋条件

1) 自然资源

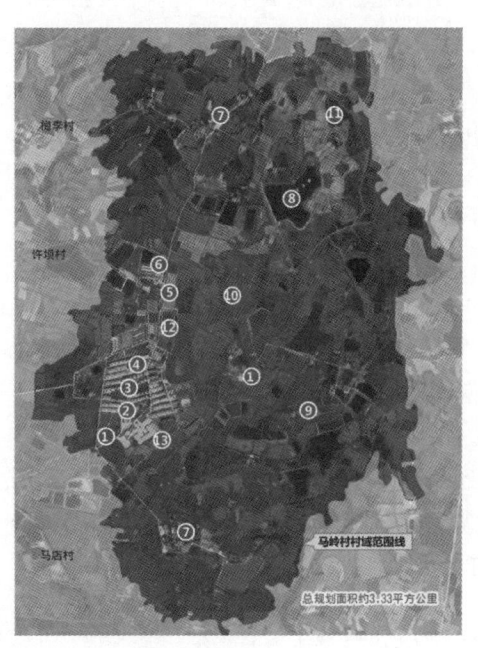

马岭村自然资源

2) 人文资源

(1) 三国文化:马岭村原为曹操养马之地,曹操队伍牵马行至邻村马市交易,故为贩马,今称"范马"。

(2) 乡贤文化:2011年以前,马岭村村庄"空心"、农户"空巢"、集体"空壳"。2012年初,张立、马志强、马焕元等9名出外创业的成功人士回村创投"幸福股份",被村民亲切地称为"九马回槽"。

(3) 农耕民俗文化:马岭村70%以上皆是耕地,广袤的农田孕育出了马岭独特的农耕民俗文化。石斧、石铲等农业生产工具在马岭依然十分常见。唱皮影、划旱船,文化生活丰富多彩,罗店镇白花菜制作技艺已被列入非物质文化遗产保护名录。

3) 资源评价

一是有品牌缺内容。

二是有产业缺特色。

三是有配套缺产品。

四是有社区缺人气。

4. 旅游市场分析

1）市场环境分析——荆门旅游市场

2020年，荆门市旅游量达到2047万人次，旅游总收入为110亿元。

荆门市近几年旅游经济依旧保持高速增长状态，仅有2020年受疫情影响，增长速度稍显回落。

2）市场环境分析——京山旅游市场

2020年，京山市旅游量达到1350万人次，旅游总收入为77亿元。

京山市近几年旅游经济依旧保持高速增长状态，2020年受疫情影响，旅游市场依旧坚挺。

3）专项市场分析——乡村旅游市场

在快节奏、高压力的生活工作环境下，城市人渴望田园生活，乡村旅游备受青睐。

4）专项市场分析——康养市场

后疫情时代，康养市场全龄化发展，将会成为下一个机遇，迎来爆发式增长。

5）专项市场分析——亲子市场

本项目立足于水库、农田、花海等，发展水上游乐、农业休闲、文化体验、休闲采摘等旅游业态，丰富旅游产品，充分满足市场亲子游的需求，促进自身的发展。

5. 游客量预测

据预测，到规划末期（2030年），规划区游客量将达51万人次，若按50万人次计算，高峰期按100天计算，高峰期游客量占全年的70%，平均日高峰期游客量约为3500人次。

6. SWOT分析

SO、ST、WO、WT 四大策略	O——机会 ·乡村振兴：各级政府工作的重中之重 ·数字乡村：互联网是激发乡村振兴的新动力 ·经济条件：马岭村2019年人均收入为3.17万元，高于京山、荆门平均水平 ·市场条件：数字乡村市场、旅游市场后劲十足	T——威胁 ·周边竞争威胁：京山乡村产业、乡村旅游发展较为成熟，马岭村如何突出重围 ·数字乡村市场：阿里、腾讯、京东等纷纷涉足数字乡村，马岭建设数字乡村的依托是什么？
S——优势 区位交通：湖北中心、"一主两副"交点、三市县中心，距武汉1.5小时车程 上位规划：支持规划区发展数字乡村 建设条件：已建成现代化新农村以及完善的温室冷链系统 人文资源：九马归槽、乡贤乡绅、马岭模式	SO策略 **依靠内部优势，利用外部机会** 依托规划区的区位交通条件、建设条件及人文资源等优势，抓住乡村振兴及数字乡村发展机遇，构建一个可复制推广的乡村振兴模式——"马岭模式"	ST策略 **利用内部优势，规避外部威胁** 利用现有的已建成现代化新农村、完善的温室、冷链系统，与周边乡村产业和乡村旅游差异化建设，打造荆门市首个数字乡村
W——劣势 ·有品牌无内容 ·有产业无特色 ·有配套无产品 ·有社区无人气	WO策略 **利用外部机会，弥补内部劣势** 紧抓乡村振兴和数字乡村发展步伐，弥补内部资源同质化的劣势，依托马岭模式，打造国家乡村振兴示范村和湖北省数字乡村示范村	WT策略 **减少内部劣势，规避外部威胁** 规避资源同质化风险，与京山其他美丽乡村进行差异化打造，乡村旅游及普通农业产业将不作为马岭的建设重点

马岭村SWOT分析

二、规划内容

（一）项目发展定位

1. 核心理念

乡村的，大家的！

马岭的，中国的！

2. 战略定位

依托马岭村全国文明村、全国乡村治理示范村、全国先进基层党组织等乡村品牌优势，以"马岭模式"为基础，结合数字乡村技术，以"数字＋""艺术＋""生态＋"为手段，对接湖北省"一主两副"城市人群乡村休闲需求，打造鄂中平原地区乡村慢时尚休闲旅游目的地。让乡村更像乡村，让乡村成为时尚，将"马岭模式"打造成为一个可在鄂中平原地区乃至全国推广的乡村振兴发展模式，实现从产品输出向模式输出的转变。

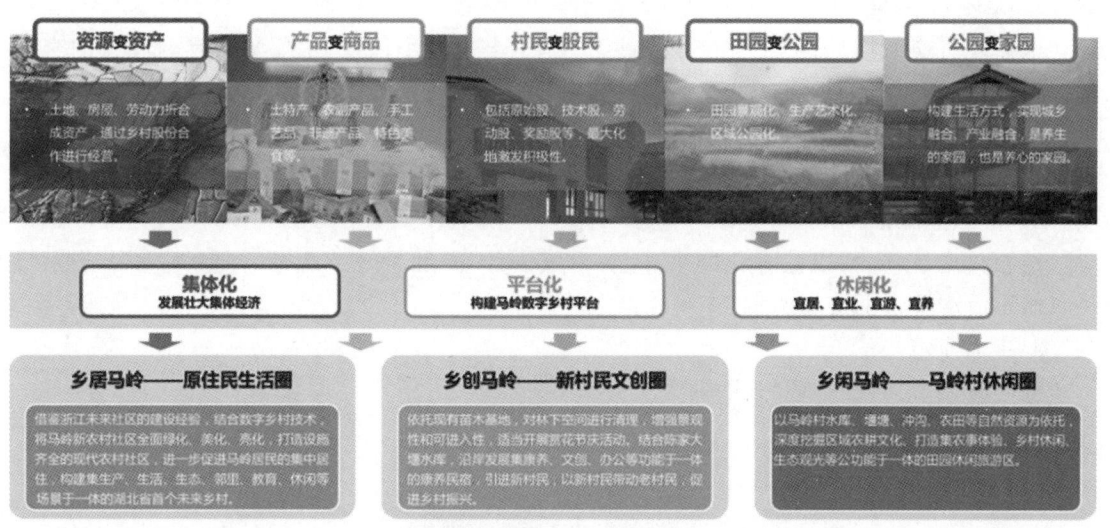

"马岭模式"

构建一个可在鄂中平原地区乃至全国推广的乡村振兴模式——"马岭模式"。

通过资源变资产、产品变商品、村民变股民、田园变公园、公园变家园"五变"实现集体化、平台化、休闲化"三化"，从而构建"三圈"乡居马岭——原住民生活圈、乡创马岭——新村民文创圈、乡闲马岭——马岭村休闲圈。

3. 形象定位

1) 形象定位

形象定位：数字马岭·时尚原乡。

2) 宣传口号

数字马岭·时尚原乡。

马岭，理想的乡村。

数字马岭·时尚原乡

数字：在马岭村现状基础上，充分结合数字乡村技术，实现全数字化管理，促进农业现代化、管理智能化、供销平台化、运营高效化。

马岭：项目所在位置马岭村，后期在发展过程中，充分挖掘马岭村文化内涵，依托现状，因地制宜，营造特色。

时尚：结合时尚、创意，在建筑、景观、业态、产业、活动等方面均体现新潮时尚的理念，不仅仅是美丽乡村，也是"网红打卡地"，构建项目特色品牌形象。让马岭乡村生活成为时尚。

原乡：项目充分依托乡村本质，区别于城镇建设与发展，不做大规模硬化和大体量建筑，扎根乡村，让乡村更像乡村。

马岭村形象定位解释

4. 市场定位

主力客群包括：研学教育客群、亲子家庭客群、都市白领客群、银发长者客群。

（二）总体布局构架

1. 布局理念

1）大环套小环

依托现有交通格局，形成一个乡村主环线、三个主题小环线，最终形成环环相扣的交通游线格局。

2）组团圈连圈

结合土地利用现状和资源布局，因地制宜，形成三大组团，以组团发展带动全村发展。

3）节点连成线

结合村庄主环线，以艺术化的手法，在沿线设计"网红景观节点"和体验性项目，丰富马岭村旅游活动及景观格局。

2. 空间布局

空间布局为"一心一环，三圈两翼"。

马岭村空间布局图

(1)"一心":数字马岭服务中心。
(2)"一环":乡村振兴休闲环。
(3)"三圈":乡居马岭——原住民生活圈、乡创马岭——新村民文创圈、乡闲马岭——马岭村休闲圈。
(4)"两翼":北部生态农业翼、南部生态农业翼。

3. 总平面图

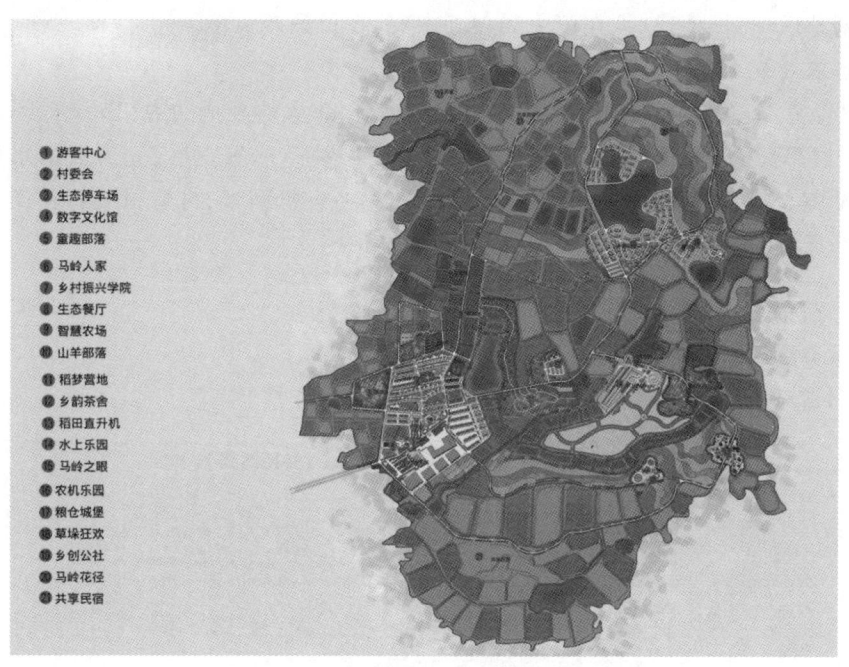

马岭村总平面图

(三)重点项目策划

1. 数字马岭服务中心

(1)位置范围:位于马岭村入口处,包含游客中心、旅游厕所及西部、南部空地,总面积约30亩。

(2)提升任务:完善游客服务功能,展示马岭形象。

2. 乡村振兴休闲环

(1)线路走向:乡村振兴学院—山羊部落—张家岭—苗木基地—上杨—达清湾—乡村振兴学院,全长约4.4公里。

(2)提升任务:道路等级提升,绿化景观提升,打造风景廊道。

3. 乡居马岭——原住民生活圈

(1)位置范围:位于马岭社区及周边区域,包括马岭社区、乡村振兴学院、生态餐厅、温室大棚基地、黑山羊养殖场、养鸡场、甲鱼养殖场等。

(2)提升任务:村庄升级改造,温室大棚改造,完善村庄业态。

4. 乡创马岭——新村民文创圈

(1) 位置范围：位于陈大堰水库及周边区域，包括花木基地、陈大堰水库等。

(2) 提升任务：林下清理与景观提升，完善休闲旅游业态。

5. 乡闲马岭——马岭村休闲圈

(1) 位置范围：位于达清湾及周边区域，包括达清湾、下杨等地。

(2) 提升思路：建设以乡土农耕文化为特色的既具有较好的市场条件，又符合基地实际情况的休闲游乐项目，构建"人在田中如在画中"的乡村景观意境。

6. 生态农业发展翼

(1) 位置范围：包括南部廖家岭及周边农田、北部张家岭及周边农田。

(2) 发展思路：通过田园整治提升现有田园区域的整体景观性，完善农田水利、机耕道路等基础设施，建设高标准农田。推广种植马岭优谷有机稻米，打造村域特色产业，营造良好的农田景观氛围。

（四）游线道路提升

1. 内部游线规划

1）一日游线路

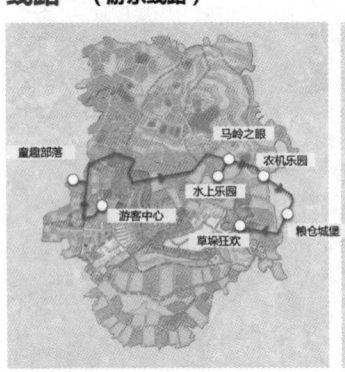

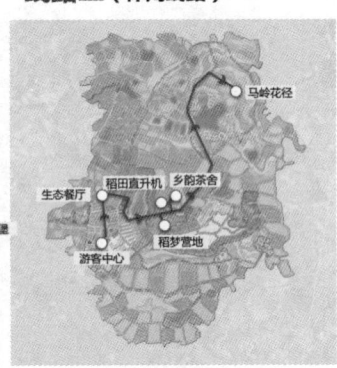

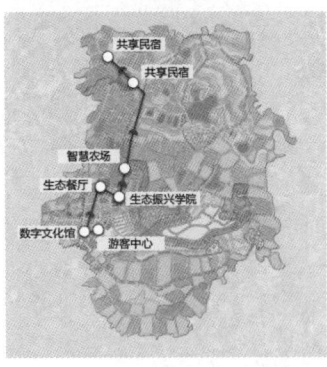

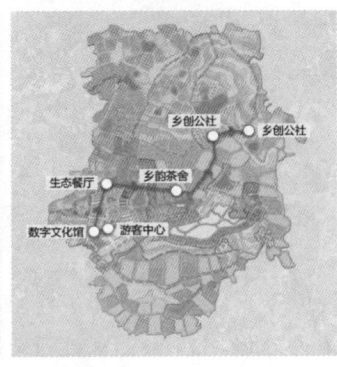

马岭村一日游线路

2）两日游线路

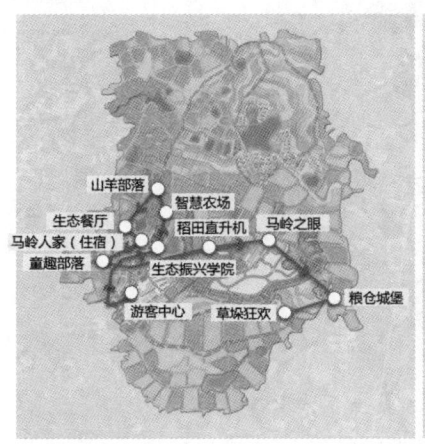
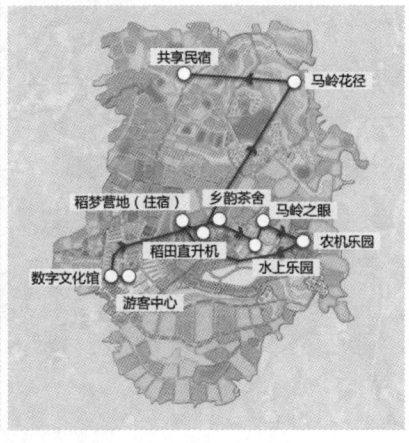
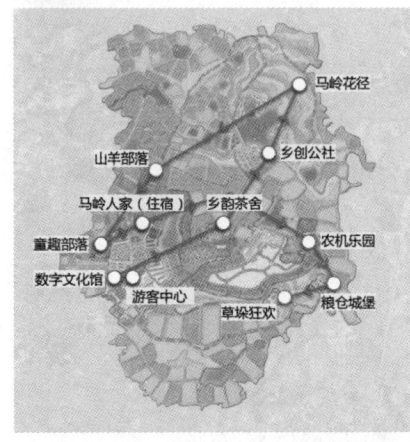
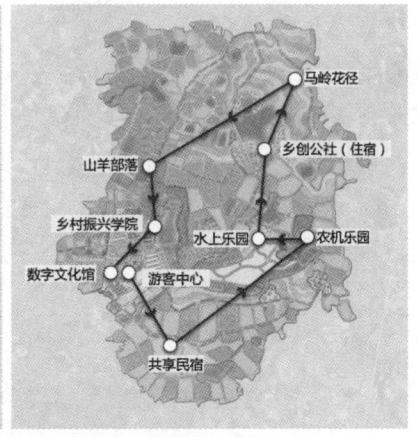

马岭村两日游线路

2. 区域游线规划

京山美丽乡村之旅：马岭村—石板河村—贾店村—丁家塝村—牌楼湾—文峰村—施家窑头村。

京山山水观光之旅：马岭村—绿林山景区—鸳鸯溪景区—美人谷景区—虎爪山景区—空山洞景区—观音岩景区。

京山文化体验之旅：马岭村—绿林寨景区—太子山狩猎文化主题乐园—中国农谷院士村—屈家岭遗址。

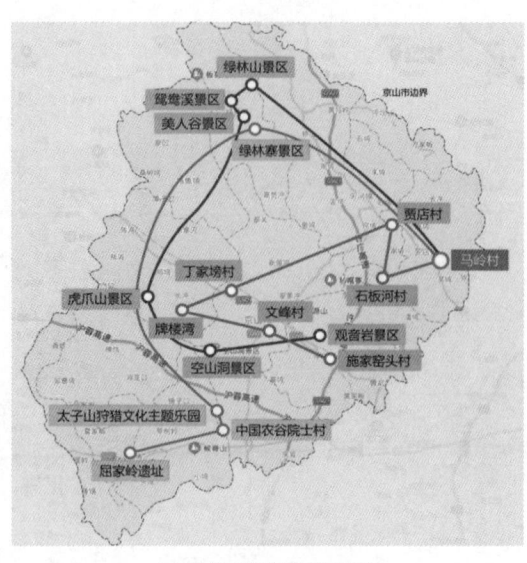

马岭村区域游线规划

（五）景观风貌提升

1. 景观风貌定位

景观风貌定位：生态田园，时尚乡村。

2. 景观规划结构——一环三区八景

景观规划结构为"一环三区八景"。

"一环"：乡村振兴休闲环。

"三区"：村落景观区、农田景观区、花海景观区。

"八景"：入口门楼、农趣时光、马岭花径、马岭之眼、粮仓城堡、稻梦营地、初心闪耀、稻田直升机。

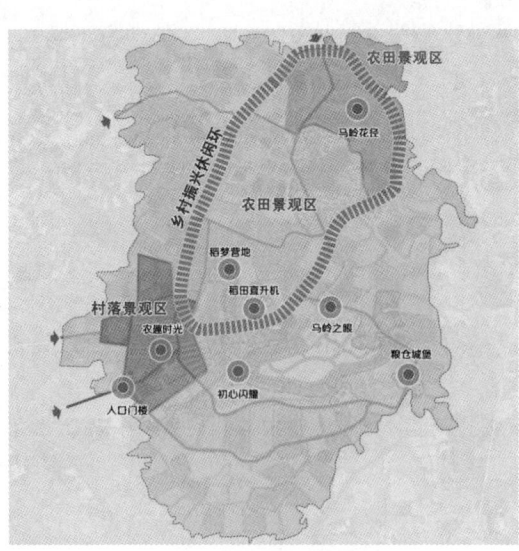

马岭村景观规划结构

3. 绿地系统规划

马岭村以本地特色农作物(如京山桥米等)、苗木花卉(如:福建樱等)作为绿化首选,辅助配以各类果树和其他观赏性植被。

(六)市场营销规划

1. 主要产品

马岭村主要产品表

产品类型	开发内容
农产品	水稻、小麦、黑山羊、糯米、水产及瓜果蔬菜等
农副产品	京山桥米、腊货、腌菜、水果等
农业景观	入口门楼、粮仓城堡、草垛狂欢、稻梦营地、马岭之眼、马岭花径等
旅游纪念品	京山桥米、马岭特色文创产品、农业雕塑艺术品、农业特色纪念品等
休闲产品	旅游节庆、童趣部落、乡韵茶舍、水上乐园、农机乐园、粮仓城堡、草垛狂欢、马岭花径等
养生产品	乡创公社、马岭民宿、稻梦营地以及其他养生产品等

2. 形象口号

数字马岭,时尚原乡。

马岭,理想的乡村。

3. 节庆活动

(1) 2月:马岭田园灯光节。

(2) 5月:中国数字乡村发展论坛。

(3) 6月:万人水上牵勾大戏。

(4) 8月:马岭音乐帐篷节。

(5) 10月:马岭乡村欢乐节。

三、建设成效

(一)产业兴旺

乡村振兴,产业振兴是支撑。马岭村立足本村资源、区位产业优势,坚持新发展理念,探索村民入股成股东新模式,发展循环农业、定制农业、复合农业。同时,培育和挖掘乡村旅游文化元素,发展特色花卉苗木,在盘活生态资源的同时,开发旅游资源,发展乡村旅游业,围绕"吃、住、行、娱、游、购",不断完善乡村旅游相关配套服务,形成集养殖、种植、观光旅游为一体的复合农业。

马岭村对内发展特色产业,生态农庄、家庭旅馆、电商平台等应运而生;对外积极招商引资,通过市场化手段,引入众多市场主体参与乡村振兴,如引入湖南云台山茶旅集团发展乡

村游、带动农产品销售等,解决了农村缺人才、缺资金、缺技术的发展短板。目前,黑山羊养殖、大棚蔬菜种植、有机大米种植、甲鱼养殖、花卉苗木栽培,以及乡村休闲旅游开发等在马岭村初见规模。

(二)生态宜居

马岭村统一征地、统一规划、统一建设,在原来二组的土地上建立起马岭新社区,让村民住上小洋楼,由村集体出资完善了水、电、网络、绿化和文体设备等各项基础设施,马岭村85%的村民已搬迁到新社区。同时,建成2200平方米的老年休养所,免费供养60岁以上的老人近50人;建成1200平方米的党员群众服务中心,配套完善文化广场,以及水、电、路、污水处理池等基础设施。

引进市场主体,采取股份合作方式投资300万元,建成3000平方米的草坪、4000平方米的停车场、498平方米的游客接待中心、2个旅游公厕和6666.7平方米的儿童游乐场。建成黑山羊养殖、标准冬暖式蔬菜大棚、黄酒酿造、秸秆综合利用、四季花海等主导产业。马岭村种植的CEB营养米和大棚蔬菜,养殖的甲鱼、黑山羊,直接供应给湖北省奥体中心。马岭村充分利用农民闲置的别墅,改建成民宿13间,陈大堰水库改造和休闲步道建设等项目完成后,游客可以体验垂钓、捉鱼、赏花、游湖等项目,乐在其中。

(三)乡风文明

马岭村修建的休养所,对所有满60岁的男性村民和所有满55岁的女性村民提供免费集中供养,实行"三统一,三集中"服务,统一安排、统一负担基本医疗费用、统一购买商业保险,集中组织文体活动、集中开展志愿服务、集中引导亲情交流。休养所内还开办有老年活动中心、食堂,同时村内会组织多样的文体活动,丰富老年人的生活。

村党支部委员会、村民委员会充分发挥"两委"和群团组织、理事会的作用,组织村民唱当地歌、跳地方舞、办年货节、做农家饭、腌传统菜、做文明人,通过十星农户和五星党员之家评议活动,激发村民"比着做好事、争着做善事",弘扬正能量,创建文明村。

(四)治理有效

2012年以前,京山市罗店镇马岭村,是个典型的"五化"村,即村庄"空心化"、集体"空壳化"、农户"空巢化"、农民"老龄化"、土地"碎片化"。

经过9年的克难攻坚,在张立、马秋生等9位农民的带领下,马岭村实现了村民股东化、管理公司化、发展产业化、居住集中化和养老福利化,相继荣膺中国最美村镇、乡村振兴示范村、中国休闲农业示范点、全国乡村治理示范村镇、全国文明村镇。

如今的马岭村绿树成荫、花团锦簇,马路干净整洁。200多户村民户户住别墅,人人有工作,家家有轿车,60岁以上老人免费住休养所。一个昔日的边远村、贫穷村、落后村变成了享誉荆楚的幸福村、文明村。

(五)生活富裕

马岭村走出了村民股东化、居住集中化、养老福利化、管理公司化、发展产业化、经营集约化的"马岭模式"。村民年人均纯收入从2011年的不到5000元增长到2020年的35000多元,村集体资产从当初不足5万元增加到2000多万元。由"空壳村"变身为富裕村、全国文明村。

马岭村生态餐厅每天接待量在300人次以上,餐厅每天经济收入突破10000元,仅生态餐厅就带动了马岭村及周边村组15人就业;生态餐厅周边还有特产集市,马岭村及周边农户在此售卖水果、蔬菜、蜂蜜等农副产品,日总销售额在1000元以上,到了周末,还出现了供不应求的局面。景区目前初步形成了以生态餐厅为主、特产集市为辅的经济链条。

案例 8

黄冈但店镇庙河村
——庙河岸边,船石人家

规划区位于湖北省黄冈市团风县但店镇庙河村,具体规划核心范围为村庄船石沟一水库至船石沟二水库段的周边区域。该项目的总体理念是以团风县乡村旅游发展为契机,顺应国家乡村振兴战略,以耕地保护和可持续发展为前提,依托项目地良好的区位交通条件,充分整合田、林、水库等资源,以传统农耕及民俗文化为脉,探索以农旅融合助推乡村振兴的特色发展新路径,发展民宿度假新业态,打造集民宿度假、乡村休闲、生态体验等于一体的特色民宿乡村旅游目的地。该项目以"庙河岸边,船石人家"为核心定位,构建了"一心一轴,二环五区"的空间布局,其中,"一心"为民宿服务中心,"一轴"为溪谷景观轴,"二环"外环为庙河水库——百丈岩风景环、内环为船石沟水库——二水库游憩环,"五区"为石林游玩区、梯田观赏区、亲子娱乐区、花海休闲区、民宿度假区。该项目的亮点是探索以农旅融合助推乡村振兴的特色发展新路径,发展民宿度假新业态。

一、项目背景

(一)核心范围

项目位于湖北省黄冈市团风县但店镇庙河村,具体规划核心范围为村庄船石沟一水库至船石沟二水库段的周边区域。核心区总规划面积约748.35亩。

(二)区位条件

1. 地理区位

项目地紧邻黄冈大崎山森林公园、团风渡江战役纪念公园、熊十力故居、黄冈革命烈士陵园、包惠僧故居、杜皮抗日五大队旧址等旅游景点,旅游资源丰富。

2. 交通区位

1) 外部交通

项目地距离团风县城29公里、武汉市83公里、黄冈市43公里,2小时可辐射武汉及周边部分城市;318国道过境团风县,交通条件好,可进入性强。

2) 内部交通

项目地内部交通连通性较好,乡道较为畅通。围绕船石沟水库修建的环形道路可贯通上船石沟及中船石沟。

（三）基地资源

1. 基本情况

1）水域方面

水域水质较好，水岸线清晰，但缺少亲水娱乐项目，亟待开发。周边有群山树木环绕。船石沟一水库拦水坝背水一侧为草坪，亲水一侧为水泥材质路面，表面裸露。

2）乡村道路

水渠道路两侧路面以石砖路、水泥土、土路为主，路宽为4—6米，道路连通性不强，道路两侧景观植物以山野植物为主，不成系统。

3）民居建筑

民居建筑样式协调统一，建筑质量较好，白墙红瓦；部分建筑质量较差，需修葺或重建。

4）自然资源

山、水、林、田资源丰富，自然生态景观良好，项目地东侧的山林中有许多造型独特的石头，有利于开发形成石头景观。

2. 基地特性

1）湖光山色

项目地大山连绵起伏，层峦叠嶂。站在红毛尖山顶，远眺庙河水库，远天、远水、远山，组成了一幅动人心弦的山水画卷。

2）船石沟水库

项目地拥有两大船石沟水库，它们是村庄的核心资源。可通过设计，强化水系空间特色，打造原乡韵味，形成丰富的空间体验。

3）田园微丘

项目地以山地地形为主，梯田田园优美、微丘植被茂盛，符合城市居民亲近大自然、体验乡村生活的要求，满足人们返璞归真、亲近原乡田园风光的意愿。

4）枫林杜鹃

船石沟水库沿岸的山林中，春季有杜鹃花海、秋季有红色枫林，这大大丰富了庙河村乡村民宿度假的游玩内容，这里是休闲观光的好去处。

3. 文脉习俗

1）团风剪纸

剪纸是团风县众多非物质文化遗产项目中的一项珍品，民谣有"一把剪刀多有用：既剪龙又剪凤，剪出老鼠能打洞；剪花鸡、剪白鹅、剪出锦鲤游天河"。

2）农历七月十五放河灯

人们用纸或绢等制成各种各样的灯盏，灯下用木板托着，灯内点上蜡烛或清油灯草，然后，放入水中，任其随水漂流。农历七月十五，是即将收获的日子，"放河灯"盛载着丰年稔岁的愿望。

3）团风庙会

团风庙宇多，庙会亦多。要说活动声势最大、民族色彩最浓、文化气息最厚重的，要算农历二月十五的土地会，土地会也叫抬阁会。比较有特色的还有农历五月十五的龙船会，也叫马会。

4）牌子锣鼓与丝弦锣鼓

牌子锣鼓与丝弦锣鼓是团风县传承至今的民间器乐。牌子锣鼓流传的范围比较广，它以强烈的艺术形象与音乐魅力，成为团风县非物质文化遗产中的一朵奇葩。

（四）发展意义

1.改善农田景观，打造美丽田园

本项目将对基地内梯田、红枫林等进行景观设计，对接国家政策，营造优美的田园景观环境。

2.提高人居环境质量，建设美丽乡村

庙河村通过发展乡村旅游，打造特色美丽旅游乡村。一方面提高人居环境质量，另一方面促进美丽乡村建设。

3.推动庙河村文化传承

在项目设计上突出庙河村乡村文化特色，推动庙河村文化传承。

4.促进乡村旅游，助力乡村振兴

通过项目策划，可以促进庙河村乡村旅游发展，进而推动乡村振兴战略的实施。

二、规划内容

（一）项目定位

1.总体定位

充分整合田、林、水库等资源，以传统农耕及民俗文化为脉，探索以农旅融合助推乡村振兴的特色发展新路径，发展民宿度假新业态，打造集民宿度假、乡村休闲、生态体验等于一体的特色民宿乡村旅游目的地。

2.功能定位

（1）民宿度假。

（2）乡村休闲。

（3）生态体验。

3.形象定位

（1）主题形象：庙河岸边，船石人家。

（2）宣传口号：

湖光山色，船石人家。

览庙河风光，憩船石人家。

船石沟,远离繁华的家。

住船石民宿,享自然乡趣。

4. 市场定位

(1)主力客群一:亲子客群。

(2)主力客群二:中年人及老年人客群。

(3)主力客群三:情侣客群。

5. 发展愿景

期望可以通过本规划,将黄冈市但店镇庙河村打造成湖北省旅游名村、省级农旅融合示范点、市级乡村振兴示范区、城市家庭微度假美学名村,以及乡村民宿"网红打卡新地标"。

(二)项目策划

1. 空间布局

"一心一轴,二环五区"。

"一心":民宿服务中心。

"一轴":溪谷景观轴。

"二环":外环庙河水库——百丈岩风景环、内环船石沟水库——二水库游憩环。

"五区":石林游玩区、梯田观赏区、亲子娱乐区、花海休闲区、民宿度假区。

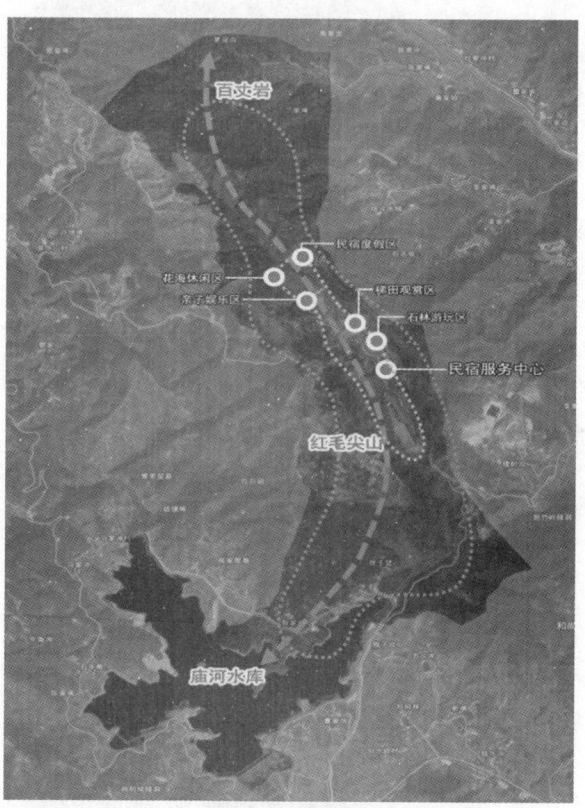

庙河村空间布局

1）民宿服务中心

（1）位置范围：拟选址中船石沟民居集中的区域。

（2）规划思路：完善民宿度假相关接待服务功能，为客人提供接待、咨询、预订、售卖、管理等服务。

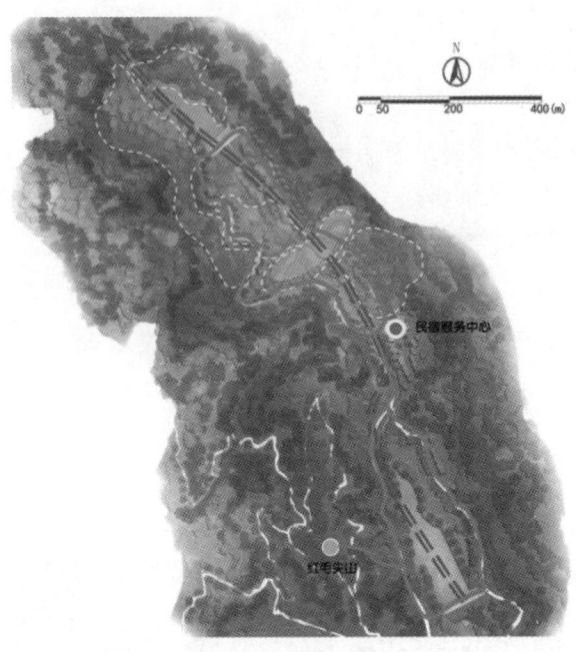

庙河村民宿服务中心

2）溪谷景观轴

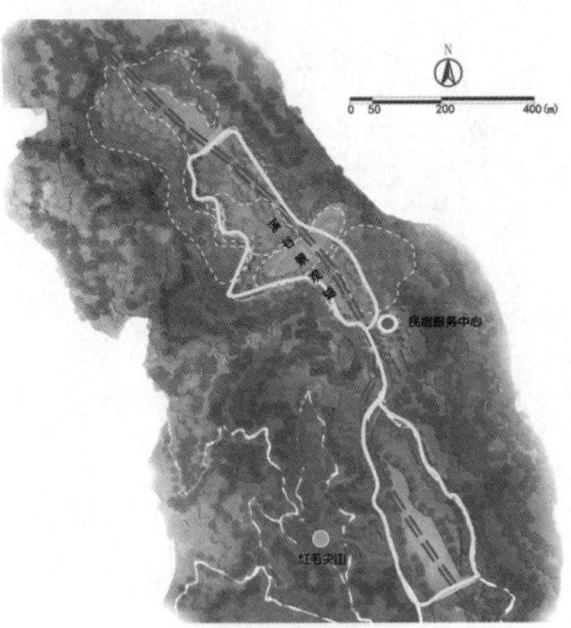

庙河村溪谷景观轴

（1）位置范围：船石沟一水库至二水库之间。

（2）规划思路：一是对溪谷两岸绿化进行建设，美化溪谷整体景观，营造自然生态长廊；二是按公园建设标准进行配套，打造带状乡村休闲公园；三是在景观上，从北至南，打造乡村文化元素的节点景观，凸显文化氛围，体现乡村淳朴气息、人景互动、乡景交融。

3）船石沟水库游憩环

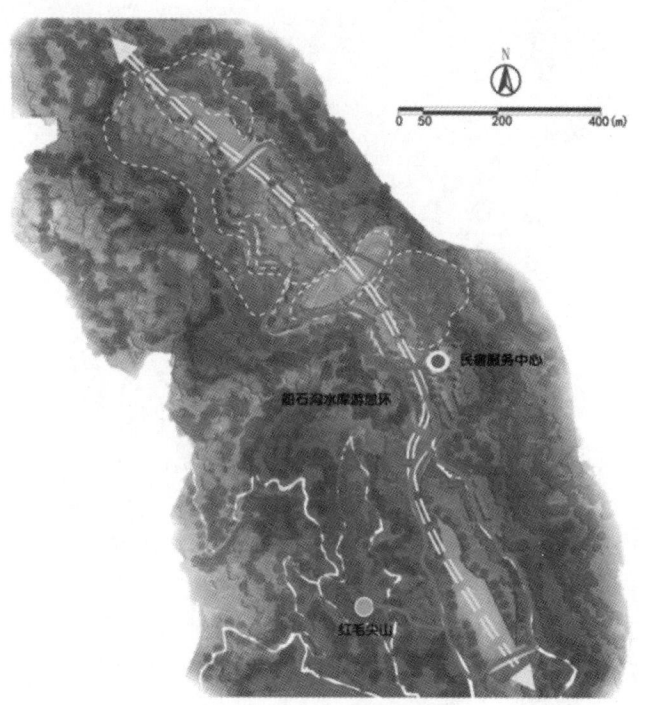

庙河村船石沟水库游憩环

（1）位置范围：船石沟一水库至二水库串联环线。

（2）规划思路：将船石沟一水库、二水库的交通进行串联，让船石沟水库游憩环既是交通道路又是风景廊道，满足了游客生态观光、徒步慢跑和健康骑行的需要。同时，保护水库的生态环境，做好水库驳岸的景观美化。

4）石林游玩区

（1）位置范围：溪谷东侧民居集中点后方的山林中。

（2）规划思路：沿山间小路，修建游览登山步道，将各个石头景观节点进行串联，并设置标识牌。

5）梯田观赏区

（1）位置范围：核心区梯田集中区域。

（2）规划思路：将溪谷两侧不规则的梯田进行适当调整扩展，形成两个较为对称的半圆。打造灯笼梯田造型景观，溪谷水流从梯田中间穿过，似灯笼的流苏在山林间摇曳，梯田、溪流共同构成一幅绝美的风景画。同时，利用地形设置景观廊架，在稻田中设置景观小品和稻草人,增添稻田景观的趣味性、可观赏性,让游客置身田园之中,可以忘却烦恼,回归自然,感受原乡风情。

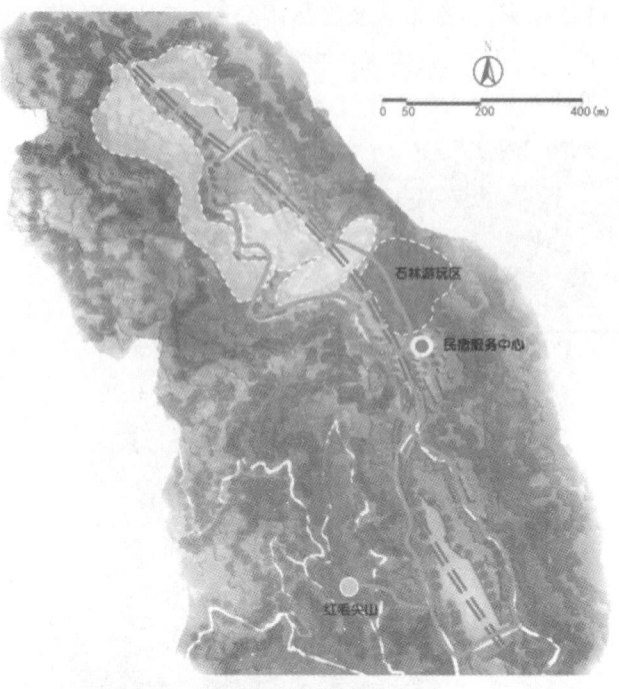

庙河村石林游玩区

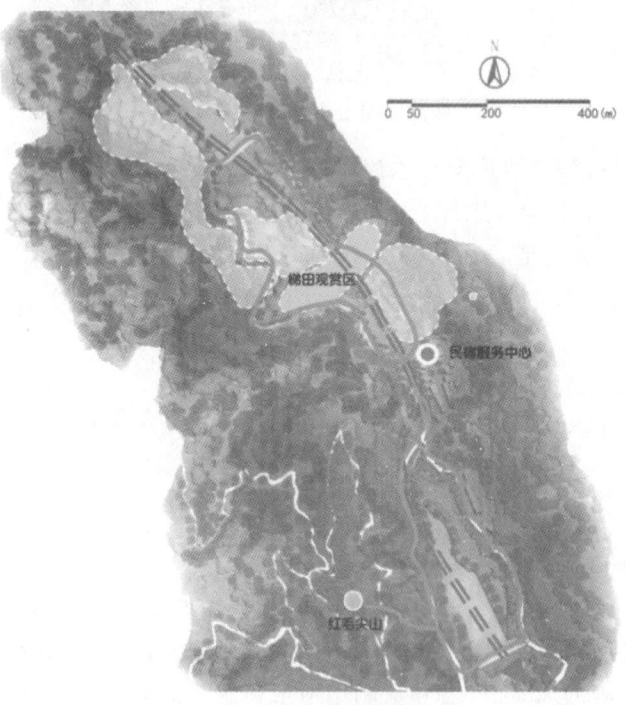

庙河村梯田观赏区

6）亲子娱乐区

（1）位置范围：梯田附近区域。

（2）规划思路：在田园秘境中，打造一处稻田无边"泳池"，营造天空之境的美感，让"泳池"与周边的田野融为一体。将此处打造成"网红打卡地"，让游客尽情享受田园秘境风光。利用溪谷地势高差，营造出潺潺瀑布的动态景观，让动听的流水声帮助游客"释放"压力。

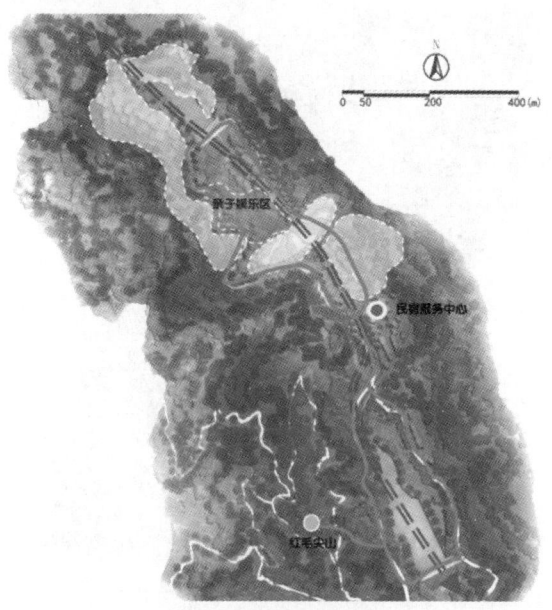

庙河村亲子娱乐区

7）花海休闲区

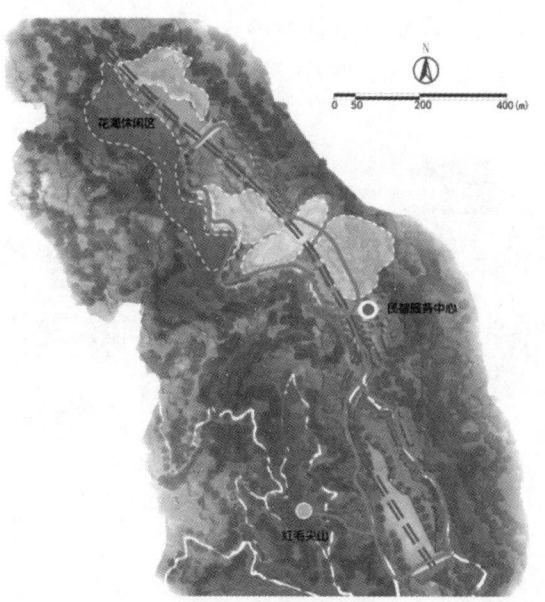

庙河村花海休闲区

（1）位置范围：船石沟二水库西侧山林区域及梯田西侧山林区域。

（2）规划思路：春季杜鹃花海，夏季满山翠绿，秋季红枫似火，冬季银装素裹，一年四季美景自然交替。以项目良好的生态景观为基础，在山林间修建康养步道，让游客置身大自然中，感受庙河的美丽。

8）民宿度假区

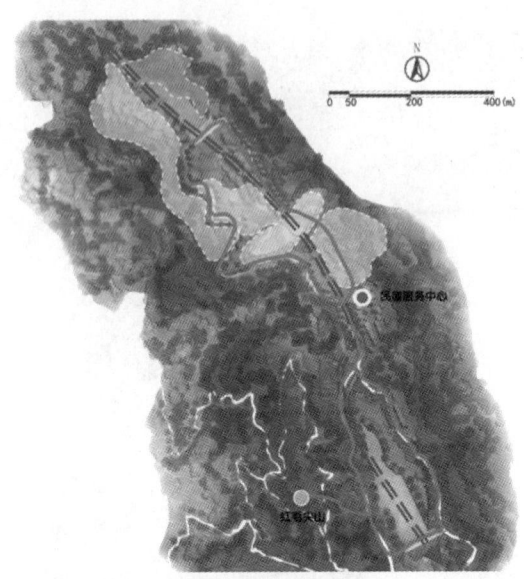

庙河村民宿度假区

（1）位置范围：船石沟二水库东侧房屋宅基地区域，其他适合打造民宿的区域。

（2）规划思路：以点状的形式，合适布置民宿。一是利用闲置民居进行改造；二是定制主题特色的装配式建筑，将民宿以临时建筑的形式点状布局于溪边、湖边及山林里。同时，有条件的区域，还可配套山野书吧、轻食餐厅、亲子手工作坊、茶吧等，丰富民宿度假生活。

2. 产品体系

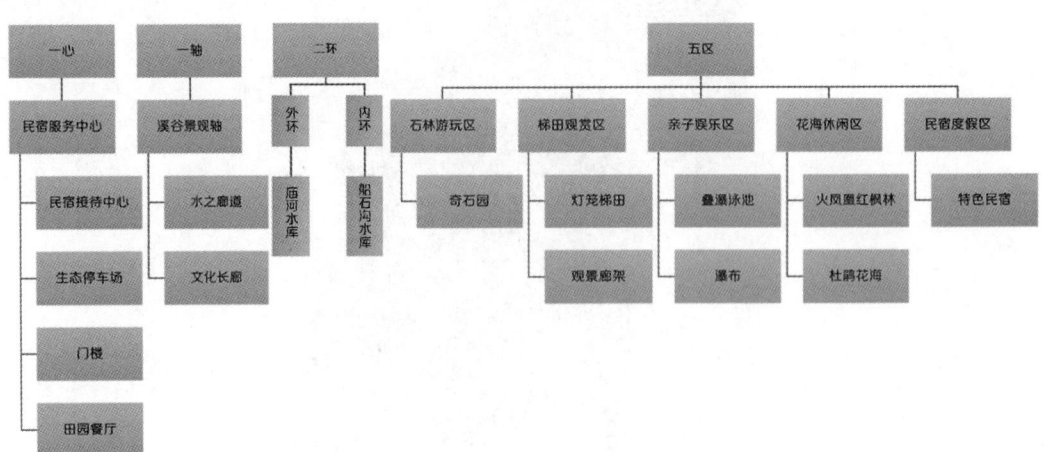

庙河村核心区项目产品谱系图

3.总平面图

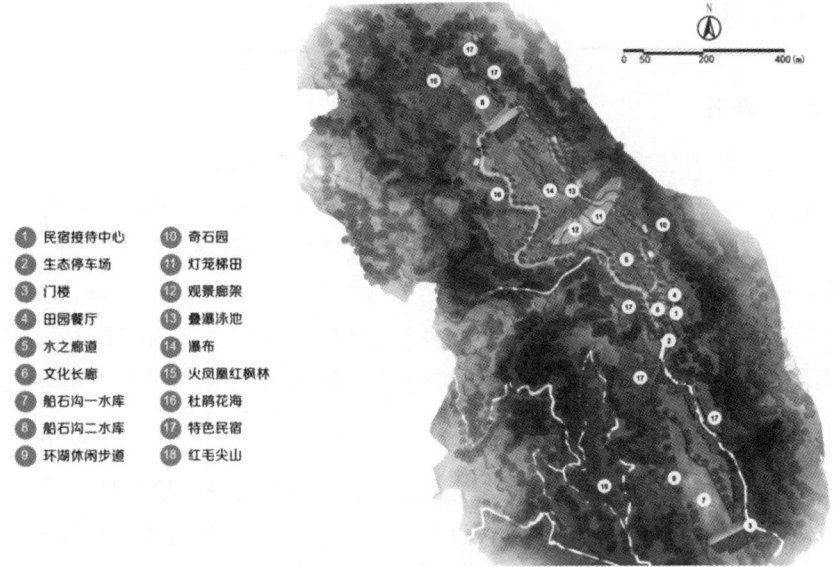

庙河村总平面图

4.景观结构

项目规划一个主要景观节点和九个次要景观节点。

（1）主要景观节点：灯笼梯田。

（2）次要景观节点：特色民宿、船石沟二水库、红枫林、杜鹃花海、奇石园、水之廊道、叠瀑泳池、瀑布、环湖休闲步道。

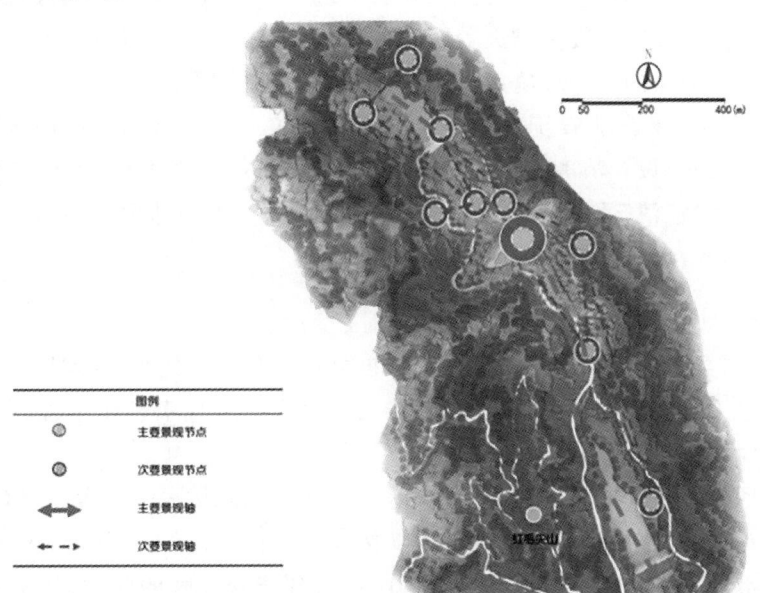

庙河村景观结构

三、建设成效

（一）产业兴旺

但店镇以包家畈村包惠僧故居为主轴，连接杨家庙村革命遗址、庙河村革命烈士陵园，打造红色旅游名片，不断推动全镇旅游发展。依托自然资源禀赋，创新"党建＋产业""村集体＋市场主体＋农户"的发展模式，与市场主体深度合作，吸引优质项目进驻，形成了党建与经济发展"同频共振、互促双赢"的新格局。

庙河村紧紧围绕"打造特色产业、助力乡村振兴"的战略目标，通过招商引资、"能人回乡"工程，广泛吸引在外能人回乡创业，实现"回引一个人，改变一个村"，全力推进乡村振兴。

（二）生态宜居

但店镇"以设施完备、村容整洁、生态宜居、社会和谐"为目标，根据湾落特色，因地制宜，通过修建护栏、铺设步道砖、绿化种植、建设小型文化广场等措施进行升级改造，积极推进318国道集镇段环境整治，进一步提高人居环境质量，打造整洁、有序、宜居的生活环境，提升村民的幸福感和满意度。

庙河村修建道路驳岸130米、河道驳岸930米、池塘驳岸31米，将3000米长的土路的路宽加至7米，硬化道路420米，安装路灯20盏，拆除旱厕、猪圈共50个，种植油茶树400棵、桂花树33棵、银杏树12棵，修建草坪400平方米、护栏170米。

（三）乡风文明

但店镇广泛开展文明湾组、和谐湾组、宜居湾组、幸福湾组"四型湾组"的创建行动，积极组织文明家庭、"好媳妇""好婆婆""最美庭院"等各类评选活动，倡导党群爱干净、护家园，全力打造整洁、有序、舒适的乡村环境，弘扬积极向善、向上的清风正气。

自推进清廉村居建设以来，庙河村积极拓展廉洁文化资源，统筹廉洁文化阵地建设，通过打造清廉文化长廊、设置清廉文化展板、开展家风家训宣传教育等多种形式，加大"清廉村居"的建设，不断营造"清"的氛围和"廉"的环境，同时，进一步推进移风易俗，倡导婚事新办、丧事简办、厚养薄葬，反对陈规陋习，弘扬文明新风。

（四）治理有效

近年来，团风县但店镇党支部委员会结合自身资源和区位优势，深刻把握乡村振兴的时代内涵，落实"美好环境与幸福生活共同缔造"，充分发挥党建引领作用，以点带面，连线成片，全面激活乡村振兴新动能。

庙河村按照党员干部"下基层、察民情、解民忧、暖民心"实践活动实施方案的要求，准确把握开展实践活动的任务目标，全村党员干部持续开展行动，深入一线、深入群众，严格按照任务目标认真走访，倾听企业、群众的诉求，广泛收集群众反映的问题，切实为老百姓办实事、办好事。2022年，庙河村获得但店镇年度进步村的荣誉。

（五）生活富裕

团风县2022年全年生产总值达到138亿元,较上一年增长4%左右;规模以上工业增加值增长12.2%;固定资产投资达到76.6亿元,较上一年增长23.3%;社会消费品零售总额达到47.6亿元,较上一年增长3.2%;一般公共预算收入达到6.1亿元,税收占比73%;城镇和农村居民年人均可支配收入较上一年分别增长7.2%、8.4%。

2022年以来,庙河村坚持"党建引领 共同缔造",以"共谋、共建、共管、共评、共享"为实施路径,扎实推进美好环境与幸福生活共同缔造活动,带领村民奔向村美民富的共富路。

参考文献

[1] 黄晓菲.美丽乡村建设视域下的农村休闲旅游规划研究[J].农业经济,2019(11).

[2] 朱运海,曹诗图.论乡村旅游的乡村性及其景观表达[J].湖湘论坛,2020(6).

[3] Nilsson P A.Staying on farms:An Ideological Background[J].Annals of Tourism Research,2002,29(1).

[4] Arie R,Oded L,Ady M.Rural Tourism in Israel:Service Quality and Orientation[J].Tourism Management,2000,21(5).

[5] 石培华,龙江智,郑斌.旅游规划设计的内涵本质与核心理论研究[J].地域研究与开发,2012,31(1).

[6] 罗舒雅.基于旅游发展导向的美丽乡村建设研究[J].农业经济,2016(6).

[7] 阿荣高娃.乡村治理视野下的山地旅游区生态补偿机制研究[J].农业经济,2017(8).

[8] 王雪芳.基于系统理论的区域旅游合作研究——以环北部湾为例[J].商业研究,2008(6).

[9] 钟韵,彭华.旅游研究中的系统思维方法:概念与应用[J].旅游学刊,2001(16).

[10] 杨军.中国乡村旅游驱动力因子及其系统优化研究[J].旅游科学,2006(4).

[11] 张树民,钟林生,王灵恩.基于旅游系统理论的中国乡村旅游发展模式探讨[J].地理研究,2012(11).

[12] 吉根宝,郭凌,韩丰.旅游空间生产视角下的乡村文化变迁——以四川省成都市三圣乡红砂村乡村旅游社区居民体验为例[J].江苏农业科学,2016(4).

[13] 瓦伦·L史密斯.东道主与游客——旅游人类学研究[M].张晓萍,何昌邑,译.昆明:云南大学出版社,2007.

[14] Picard M,Yamashita S. Bali:Cultural Tourism and Touristic Culture[M].Singapore:Archipelago Press,1996.

[15] Wang H,Yang Z,Chen L,et al.Minority Community Participation in Tourism:A Case of Kanas Tuva Villages in Xinjiang,China[J].Tourism Management,2010(3).

[16] 孙九霞.传承与变迁——旅游中的族群与文化[M].北京:商务出版社,2012.

[17] Butler W.The Concept of a Tourist Area Cycle of Evolution:Implications for Management of Resources[J].Canadian Geographer,1980,24(1).

[18] 王志玲,王万军,邓倩.基于景观生态学理论的森林公园规划设计——以广西元宝山国家森林公园总体规划为例[J].规划师,2016(Z1).

[19] 刘爽,孙余丹.浅议乡村旅游规划[J].安徽农业科学,2008(19).

[20] 徐阳,苏兵.区位理论的发展沿袭与应用[J].商业时代,2012(33).

[21] 袁华斌,岑国璋.经济地理学[M].成都:电子科技大学出版社,2017.

[22] 吴冬华.甘肃省城市老年人乡村休闲养老旅游意愿和影响因素分析[J].生产力研究,2023(5).

[23] 范水生.休闲农场区位选择与评价模型的构建研究[J].福建农林大学学报:哲学社会科学版,2008,11(5).

[24] 冯晓华,黄震方.旅游行为的根本内驱力:观点与思考[J].地理与地理信息科学,2022(4).

[25] Cha S,McCleary K W,Uysal M.Travel Motivations of Japanese Overseas Travelers: A Factor‐Cluster Segmentation Approach.[J].Journal of Travel Research,1995,34(1).

[26] Maslow A H.Motivation and Personality[M].New York:Harper & Row,1970.

[27] Pearce P,Caltabiano M.Inferring Travel Motivation from Travelers' Experiences[J]. Journal of Travel Research,1983,22(2).

[28] PEARCE P,LEE U.Developing the Travel Career Approach to Tourist Motivation[J].Journal of Travel Research,2005,43(3).

[29] Iso‐Ahola S E.Motivation for Leisure[J].ACM Sigmetrics Performance Evaluation Review,1987,32(5).

[30] Uysal M,Jurowski C.Testing the Push and Pull Factors[J].Annals of Tourism Research,1994,21(4).

[31] Gnoth J.Tourism Motivation and Expectation Formation[J].Annals of Tourism Research,1997,24(2).

[32] Goossens C.Tourism Information and Pleasure Motivation[J].Annals of Tourism Research,2000,27(2).

[33] 陈晓华,曹梦莹.国外乡村空间重构研究述评[J].安徽农业大学学报:社会科学版,2019(2).

[34] 屠爽爽,龙花楼.乡村聚落空间重构的理论解析[J].地理科学,2020,40(4).

[35] 龙花楼.论土地整治与乡村空间重构[J].地理学报,2013,68(8).

[36] 李红波,胡晓亮,张小林,等.乡村空间辨析[J].地理科学进展,2018(5).

[37] Bryden J.Prospects for Rural Areas in an Enlarged Europe[J].Journal of Rural Studies,1994(4).

[38] 侯玉霞,胡宏猛.民族村寨乡村民宿空间重构与影响机制研究——以广西龙脊平安壮寨为例[J].广西民族研究,2022(6).